하루
딱 30개!

진짜
한 권으로

는

JLPT

기출단어장

나루미 · 시원스쿨어학연구소 지음

N3 · N2 · N1

S 시원스쿨닷컴

진짜 한 권으로 끝내는
JLPT 기출단어장 N3·N2·N1

초판 1쇄 발행 2019년 10월 1일
개정 2쇄 발행 2023년 11월 10일

지은이 나루미·시원스쿨어학연구소
펴낸곳 (주)에스제이더블유인터내셔널
펴낸이 양홍걸 이시원

홈페이지 www.siwonschool.com
주소 서울시 영등포구 국회대로74길 12 시원스쿨
교재 구입 문의 02)2014-8151
고객센터 02)6409-0878

ISBN 979-11-6150-741-5 13730
Number 1-311314-18181807-02

당장 시험을 앞두고 있으면서
아직도 두꺼운 어휘서로 공부를 하시나요?

단어 암기는 모든 외국어 공부에 있어서 꼭 필요한 부분입니다.
그렇다고 무작정 많은 단어를 암기하는 게 좋은 것인가 하면 꼭 그런 것도 아닙니다.
최소한의 단어들로 최대의 효과를 얻을 수 있다면 그것이 최선이고, 또한 그렇게 할 수
있도록 도와주는 것이 가르치는 사람의 의무라고 생각합니다.

합격을 위한 단어는 약 700개, 암기는 딱 한달이면 충분합니다.

본 책은 최신 기출을 100% 반영하여 핵심적인 단어만 정리하였고 매일, 매주 외워야
할 단어의 양을 정하여 최소한으로 공부하되, 확실하게 암기할 수 있도록 구성했습니다.
또한 문자·어휘, 문법, 독해, 청해 등 모든 파트에서 꼭 필요한 단어만을 선별하고, 그 중
에서도 최근 시험에 출제된 단어만 다시 엄선했습니다. 단어를 암기한 후에는 기출 유
형 문제로 복습할 수 있도록 하였습니다.
그리고 부록으로 필출 관용 표현까지 담아 이 책 한 권으로도 시험에 합격할 수 있도록
심혈을 기울여 만들었습니다.

이 책을 통해 여러분들이 효율적으로 공부하여 합격에 가까워질 수 있기를 기대하며
이 책이 나올 수 있도록 도움을 주신 시원스쿨 대표님, 그리고 항상 곁에서 힘이 되어
주시는 일본어 콘텐츠 담당자님들께 감사의 마음을 전합니다.

どんなことでもできる理由を探す
나루미

목차

N3

N2

N1

이 책의 구성

DAY 1부터 DAY 6까지 하루 30개씩 암기!

2010년에서 2023년 7월까지의 기출 어휘를 분석하여 반복되는 단어를 테마별로 꼼꼼하게 정리하였습니다. 모든 예문은 26회분의 독해·청해 기출 문제에서 추출한 문장으로 단어장만으로도 독해·청해까지 커버할 수 있습니다. MP3음원을 들으면서 쉽고 빠르게 단어를 암기해 봅시다.

한 주가 끝나면 나의 학습 계획을 점검!

날마다 단어를 몇 개나 외웠는지, 유독 잘 안 외워지는 단어는 무엇인지 체크하고 시험 전 계획을 스스로 짜볼 수 있도록 플래너를 수록했습니다.

외운 단어를 직접 써 보며 실력 체크!

DAY 1부터 DAY 6까지 등장했던 총 180개 단어의 읽는 법과 의미를 직접 써 보도록 구성했습니다. 완벽하게 암기가 될 때까지 실력을 체크할 수 있습니다.

실제 시험 유형으로 JLPT 도전!

JLPT 문자·어휘 파트에 등장하는 한자 읽기와 표기, 문맥 규정 유형의 연습 문제를 수록했습니다. 한 주 동안 배운 단어를 응용하여 복습할 수 있습니다.

시험에 꼭 나오는 관용 표현으로 마무리!

각 레벨에 해당하는 필수적인 관용 표현 20개를 예문과 함께 권말에 수록했습니다. 시험 직전에 암기하고 간다면 더욱 더 합격에 가까워질 수 있습니다.

특별 부록

❶ MP3 무료 다운로드
❷ 색인 PDF

시원스쿨 일본어 홈페이지(japan. siwonschool.com)의 수강신청 → 교재/MP3에서 다운로드하실 수 있습니다.

❸ 나만의 JLPT 단어 시험지

시원스쿨 일본어 홈페이지(japan. siwonschool.com)의 무료학습 → JLPT/JPT 시험정보에서 이용하실 수 있습니다.

(※ 회원가입 후 로그인을 하셔야 이용 가능합니다.)

학습 플랜

월	화	수	목	금	토	일
1주째 **DAY 1** 암기	1주째 **DAY 2** 암기	1주째 **DAY 3** 암기	1주째 **DAY 4** 암기	1주째 **DAY 5** 암기	1주째 **DAY 6** 암기	1주째 실력 체크 실전 JLPT 도전
2주째 **DAY 1** 암기	2주째 **DAY 2** 암기	2주째 **DAY 3** 암기	2주째 **DAY 4** 암기	2주째 **DAY 5** 암기	2주째 **DAY 6** 암기	2주째 실력 체크 실전 JLPT 도전
3주째 **DAY 1** 암기	3주째 **DAY 2** 암기	3주째 **DAY 3** 암기	3주째 **DAY 4** 암기	3주째 **DAY 5** 암기	3주째 **DAY 6** 암기	3주째 실력 체크 실전 JLPT 도전
4주째 **DAY 1** 암기	4주째 **DAY 2** 암기	4주째 **DAY 3** 암기	4주째 **DAY 4** 암기	4주째 **DAY 5** 암기	4주째 **DAY 6** 암기	4주째 실력 체크 실전 JLPT 도전

一発合格、目指そう！

🐕 2회독

월	화	수	목	금	토	일
1주째 **DAY 1** **DAY 2** 암기	1주째 **DAY 3** **DAY 4** 암기	1주째 **DAY 5** **DAY 6** 암기	1주째 실력 체크 실전 JLPT 도전	**복습**	2주째 **DAY 1** **DAY 2** 암기	2주째 **DAY 3** **DAY 4** 암기
2주째 **DAY 5** **DAY 6** 암기	2주째 실력 체크 실전 JLPT 도전	**복습**	3주째 **DAY 1** **DAY 2** 암기	3주째 **DAY 3** **DAY 4** 암기	3주째 **DAY 5** **DAY 6** 암기	3주째 실력 체크 실전 JLPT 도전
복습	4주째 **DAY 1** **DAY 2** 암기	4주째 **DAY 3** **DAY 4** 암기	4주째 **DAY 5** **DAY 6** 암기	4주째 실력 체크 실전 JLPT 도전	**복습**	**총복습**

🐕 3회독

월	화	수	목	금	토	일
1주째 **DAY 1** **DAY 2** **DAY 3** 암기	1주째 **DAY 4** **DAY 5** **DAY 6** 암기	1주째 실력 체크 실전 JLPT 도전	2주째 **DAY 1** **DAY 2** **DAY 3** 암기	2주째 **DAY 4** **DAY 5** **DAY 6** 암기	2주째 실력 체크 실전 JLPT 도전	**복습**
3주째 **DAY 1** **DAY 2** **DAY 3** 암기	3주째 **DAY 4** **DAY 5** **DAY 6** 암기	3주째 실력 체크 실전 JLPT 도전	4주째 **DAY 1** **DAY 2** **DAY 3** 암기	4주째 **DAY 4** **DAY 5** **DAY 6** 암기	4주째 실력 체크 실전 JLPT 도전	**총복습**

1. 내가 필요한 레벨을 분리해 보세요!

이 책은 JLPT N3, N2, N1의 레벨별로 구분되어 있습니다. 또한 한 손에 들 수 있는 포켓 사이즈이기 때문에 내가 공부하고자 하는 레벨의 책만 분리하면 언제, 어디서든 편리하게 공부할 수 있습니다.

2. 암기가 완벽하게 되었는지 써 보세요!

눈으로만 읽고 넘어가면 금방 잊어버리게 됩니다. 따라서 원어민이 녹음한 음원을 들으며 한 주 동안 외운 단어를 바로바로 써 보면서 마지막까지 암기해 보세요. 4주 만에 완성할 수 있습니다.

3. 실제 JLPT 유형의 문제로 실전 감각을 키워 보세요!

아무리 시험에 반드시 출제되는 단어들이라도 실전처럼 풀어 보아야 총정리를 할 수 있습니다. '실전 JLPT 도전'을 통해 복습함과 동시에 실제 시험에 익숙해질 수 있도록 합니다.

4. JLPT 단어 시험지 서비스를 적극 활용해 보세요!

시원스쿨 일본어에서는 '나만의 맞춤 시험지'를 제공하고 있습니다. 홈페이지의 무료학습→JLPT/JPT 시험정보→단어장 시험지에서 레벨과 범위, 유형을 지정하면 나에게 맞는 시험지가 생성됩니다. 프린트하면 매번 새로운 시험지를 만들 수 있기 때문에 간편하게 사용하실 수 있습니다.

5. 시험 직전에 관용 표현을 암기해 보세요!

일본어의 관용 표현은 각각의 단어들의 의미만으로는 전체의 의미를 알 수 없기 때문에 암기가 필수적입니다. 시험에 자주 출제되는 표현들만 다루었으므로 시험 전에 꼭 읽어 보세요.

진짜
한 권으로
끝내는

나루미 · 시원스쿨어학연구소 지음

JLPT
기출단어장

N3

S 시원스쿨닷컴

WEEK 01

1 주 째

よっし、
やってみようぜ！

💡 단어의 읽는 법과 의미를 외워 봅시다.

🔊 MP3 1-1-1

단 어	읽는법	의 미
01 歌う	うたう	노래 부르다
02 加える	くわえる	더하다, 가하다
03 可能 ㉓	かのう	가능(+だ 하다/+な 한)
04 家賃 ⑩	やちん	집세
05 歯	は	이, 치아
06 仮定	かてい	가정
07 価値	かち	가치
08 角 ㉑	かど	모퉁이(+曲がる 돌다)
09 各国	かっこく	각국
10 各地	かくち	각지

💡 단어의 읽는 법과 의미를 외워 봅시다.

단 어	읽는법	의 미
11 干す ⑮	ほす	말리다
12 間に合う	まにあう	제시간에 맞추다, 아쉬운 대로 쓸 수 있다
13 間隔 ⑲	かんかく	간격
14 講演	こうえん	강연
15 強化	きょうか	강화
16 個人 ⑯	こじん	개인
17 距離 ⑱	きょり	거리
18 検査 ⑯㉒	けんさ	검사
19 田舎	いなか	시골
20 掲示	けいじ	게시

💡 단어의 읽는 법과 의미를 외워 봅시다.

단 어	읽는법	의 미
21 激しい	はげしい	격하다, 세차다
22 肩	かた	어깨
23 見せる	みせる	보여 주다
24 見つかる	みつかる	발견되다, 찾게 되다
25 見つける	みつける	발견하다, 찾아내다
26 見本 ㉑	みほん	견본(=サンプル)
27 結ぶ	むすぶ	잇다, 묶다, 맺다
28 疑問 ⑪	ぎもん	의문
29 決める	きめる	결정하다, 정하다
30 結果	けっか	결과

💡단어의 읽는 법과 의미를 외워 봅시다.　🔊 MP3 1-1-2

단 어	읽는법	의 미
01 **決断**	けつだん	결단
02 **欠点** ㉑㉓	けってん	결점, 약점(=弱点 じゃくてん)
03 **仕舞う** ⑩⑲	しまう	치우다, 안에 넣다
04 **厚い** ⑱	あつい	두껍다, 두텁다
05 **回収**	かいしゅう	회수
06 **会費**	かいひ	회비
07 **回す** ⑯	まわす	돌리다, 둘러치다
08 **強いる**	しいる	강요하다
09 **早退** ⑰	そうたい	조퇴
10 **活発**	かっぱつ	활발(+だ 하다/+な 한)

💡 단어의 읽는 법과 의미를 외워 봅시다.

단 어	읽는법	의 미
11 **価格**	かかく	가격
12 **歓迎**	かんげい	환영
13 **環境**	かんきょう	환경
14 **丸い** ⑯㉑	まるい	둥글다, 원만하다
15 **確実** ⑰	かくじつ	확실(+だ 하다/+な 한)
16 **泣く** ⑱⑳	なく	울다
17 **血液** ⑩	けつえき	혈액
18 **話し合う** ㉒	はなしあう	서로 이야기하다, 의논하다
19 **混雑**	こんざつ	혼잡(+だ 하다/+な 한)
20 **混ぜる** ⑮	まぜる	혼합하다, 뒤섞다

💡 단어의 읽는 법과 의미를 외워 봅시다.

단 어	읽는법	의 미
21 湖	みずうみ	호수
22 狭い	せまい	좁다
23 穴	あな	구멍
24 現在 ⑪⑫	げんざい	현재
25 暇	ひま	틈, 짬, 한가함 (+だ 하다/+な 한)
26 現実	げんじつ	현실
27 ゆらゆら		(가벼운 것) 흔들리는 모양
28 まだ		아직
29 まごまご		어찌할 바를 몰라 우물쭈물하는 모양
30 ぶらぶら ⑪		어슬렁어슬렁 거니는 모양

DAY 3

1회 2회 3회

💡 단어의 읽는 법과 의미를 외워 봅시다.   🔊 MP3 1-1-3

단 어	읽는법	의 미
01 ぶつかる		부딪치다, 맞닥뜨리다
02 鋭い	するどい	날카롭다, 예리하다
03 輸入	ゆにゅう	수입
04 はっきり		확실히, 뚜렷하게
05 決心	けっしん	결심
06 鏡	かがみ	거울
07 軽い	かるい	가볍다
08 驚く	おどろく	놀라다
09 景色	けしき	경치, 풍경
10 経営 ⑮⑱	けいえい	경영

1주째 **15**

💡 단어의 읽는 법과 의미를 외워 봅시다.

단 어	읽는법	의 미
11 経由 ⑰	けいゆ	경유
12 経験	けいけん	경험
13 計算 ㉒	けいさん	계산
14 係員	かかりいん	담당자
15 計画	けいかく	계획
16 固い ⑫	かたい	딱딱하다, 굳다
17 苦い	にがい	(맛) 쓰다, 괴롭다(=辛い)
18 取り替える	とりかえる	교체하다, 교환하다
19 苦しい ⑬	くるしい	괴롭다, (생계) 어렵다
20 永遠	えいえん	영원

💡 단어의 읽는 법과 의미를 외워 봅시다.

단 어	읽는법	의 미
21 戻す	もどす	(원래 자리, 상태) 되돌리다
22 きつい ⑱		(정도) 심하다, 꽉 끼다
23 故障	こしょう	고장
24 曲がる	まがる	(모퉁이) 돌다, 구부러지다
25 困る ⑫⑰	こまる	곤란하다
26 空 ⑯	から	허공, 빔
27 空席	くうせき	공석
28 共通	きょうつう	공통
29 過程	かてい	과정
30 郊外	こうがい	교외

DAY 4

1회 2회 3회

💡 단어의 읽는 법과 의미를 외워 봅시다.

🔊 MP3 1-1-4

단 어	읽는법	의 미
01 交換 ⑬	こうかん	교환
02 向かう	むかう	향하다, 마주 보다
03 求人	きゅうじん	구인
04 具合	ぐあい	몸 상태, 형편
05 国籍	こくせき	국적
06 国際	こくさい	국제
07 勧誘	かんゆう	권유
08 貴重	きちょう	귀중(+だ 하다/+な 한)
09 近所	きんじょ	근처, 이웃
10 禁煙	きんえん	금연

💡 단어의 읽는 법과 의미를 외워 봅시다.

단 어	읽는법	의 미
11 今朝	けさ	오늘 아침
12 急ぐ	いそぐ	서두르다, 재촉하다
13 急に	きゅうに	갑자기
14 訪ねる	たずねる	방문하다, 찾다
15 残業 ⑬	ざんぎょう	잔업, 야근
16 祈る	いのる	빌다, 기원하다
17 機械 ⑲	きかい	기계
18 記念 ⑭⑲	きねん	기념
19 記録 ⑯㉒	きろく	기록
20 貯金	ちょきん	저금

💡 단어의 읽는 법과 의미를 외워 봅시다.

단 어	읽는법	의 미
21 **期限** ⑭㉓	きげん	기한
22 **機会**	きかい	기회
23 **緊張** ⑫	きんちょう	긴장
24 **支給** ㉑	しきゅう	지급
25 **暖かい** ㉑	あたたかい	따뜻하다, (분위기) 훈훈하다
26 **難しい**	むずかしい	어렵다
27 **納得**	なっとく	납득
28 **内緒**	ないしょ	비밀(=秘密)
29 **内容** ⑭	ないよう	내용
30 **試合**	しあい	시합

DAY 5

1회 2회 3회

💡 단어의 읽는 법과 의미를 외워 봅시다. 🔊 MP3 1-1-5

단 어	읽는법	의 미
01 現す	あらわす	(모습, 형상) 나타내다
02 眩しい	まぶしい	눈부시다
03 許可	きょか	허가
04 許す	ゆるす	용서하다, 허가하다, 허락하다
05 嘘	うそ	거짓말
06 資料	しりょう	자료
07 行事	ぎょうじ	행사
08 行方	ゆくえ	행방, 장래
09 方向 ⑯	ほうこう	방향
10 熱心 ⑱	ねっしん	열심(+な 한/+に 하게)

💡 단어의 읽는 법과 의미를 외워 봅시다.

단 어	읽는법	의 미
[11] 解消	かいしょう	해소
[12] 解決 ⑪⑰	かいけつ	해결
[13] 解ける	とける	풀리다, 해제되다
[14] 航空	こうくう	항공
[15] 改正	かいせい	개정
[16] 面倒臭い ⑲	めんどうくさい	아주 귀찮다, 성가시다
[17] 割れる ⑭	われる	갈라지다, 깨지다, 나누어지다
[18] 慌てる ⑭	あわてる	당황하다, 허둥대다
[19] 汗 ⑫	あせ	땀(+かく 흘리다)
[20] 下車	げしゃ	하차

💡 단어의 읽는 법과 의미를 외워 봅시다.

단 어	읽는법	의 미
21 協力 ⑪	きょうりょく	협력
22 疲労	ひろう	피로
23 疲れる ⑩⑬⑮	つかれる	피곤하다
24 風景	ふうけい	풍경
25 恋しい ⑱㉑㉓	こいしい	그립다
26 表面 ⑪	ひょうめん	표면
27 慣れる	なれる	익숙해지다
28 のろのろ		동작이 굼뜬 모양
29 管理	かんり	관리
30 なるべく ⑬㉑		되도록(=できるだけ)

DAY 6

1회 2회 3회

💡 단어의 읽는 법과 의미를 외워 봅시다.

🔊 MP3 1-1-6

단 어	읽는법	의 미
01 **表れる**	あらわれる	(감정, 표정) 나타나다
02 **表す** ⑩	あらわす	(감정, 표정) 나타내다
03 **表**	おもて	정면, 겉면
04 **留守** ⑳㉓	るす	부재
05 **包む** ⑩⑲㉑	つつむ	싸다, 포장하다
06 **怖い**	こわい	무섭다
07 **泡**	あわ	거품
08 **閉じる** ⑬	とじる	닫다, (눈) 감다, 덮다
09 **評判**	ひょうばん	평판
10 **平日** ⑫	へいじつ	평일

💡 단어의 읽는 법과 의미를 외워 봅시다.

단 어	읽는법	의 미
11 編む	あむ	짜다, 뜨다, 편찬하다
12 早速 ⑪⑲	さっそく	즉시(=すぐ)
13 屋上	おくじょう	옥상
14 波	なみ	파도, 물결
15 見方	みかた	견해, 생각, 관점
16 投げる ⑮	なげる	던지다
17 通り過ぎる	とおりすぎる	통과하다, 지나가다
18 せめて		적어도, 최소한 (+たい ~하고 싶다/+てほしい ~해줬으면 좋겠다)
19 通う	かよう	(장소) 다니다
20 痛い ⑪	いたい	아프다

💡 단어의 읽는 법과 의미를 외워 봅시다.

단 어	읽는법	의 미
21 隠す ⑮	かくす	숨기다, 감추다
22 太い	ふとい	굵다, 뻔뻔스럽다
23 探す	さがす	찾다
24 需要	じゅよう	수요
25 親	おや	부모
26 値段 ⑪⑳	ねだん	가격
27 脱ぐ	ぬぐ	벗다
28 恥ずかしい	はずかしい	부끄럽다, 면목없다
29 治す	なおす	(병) 고치다, 치료하다
30 溺れる	おぼれる	빠지다, 탐닉하다

실력체크

💡 한 주 동안 외운 단어를 점검해 봅시다.

WEEK 01	학습 날짜	달성 목표	다시 한번 확인해야 하는 단어
DAY 1	___ / ___	30개 중 ___ 개 암기!	
DAY 2	___ / ___	30개 중 ___ 개 암기!	
DAY 3	___ / ___	30개 중 ___ 개 암기!	
DAY 4	___ / ___	30개 중 ___ 개 암기!	
DAY 5	___ / ___	30개 중 ___ 개 암기!	
DAY 6	___ / ___	30개 중 ___ 개 암기!	

✐ 단어의 읽는 법과 **의미**를 써 봅시다.

단 어	읽는 법 / 의 미	단 어	읽는 법 / 의 미
☐ 歌う	읽는법 ____ 의 미 ____	☐ 個人	읽는법 ____ 의 미 ____
☐ 加える	읽는법 ____ 의 미 ____	☐ 距離	읽는법 ____ 의 미 ____
☐ 可能	읽는법 ____ 의 미 ____	☐ 検査	읽는법 ____ 의 미 ____
☐ 家賃	읽는법 ____ 의 미 ____	☐ 田舎	읽는법 ____ 의 미 ____
☐ 歯	읽는법 ____ 의 미 ____	☐ 掲示	읽는법 ____ 의 미 ____
☐ 仮定	읽는법 ____ 의 미 ____	☐ 激しい	읽는법 ____ 의 미 ____
☐ 価値	읽는법 ____ 의 미 ____	☐ 肩	읽는법 ____ 의 미 ____
☐ 角	읽는법 ____ 의 미 ____	☐ 見せる	읽는법 ____ 의 미 ____
☐ 各国	읽는법 ____ 의 미 ____	☐ 見つかる	읽는법 ____ 의 미 ____
☐ 各地	읽는법 ____ 의 미 ____	☐ 見つける	읽는법 ____ 의 미 ____
☐ 干す	읽는법 ____ 의 미 ____	☐ 見本	읽는법 ____ 의 미 ____
☐ 間に合う	읽는법 ____ 의 미 ____	☐ 結ぶ	읽는법 ____ 의 미 ____
☐ 間隔	읽는법 ____ 의 미 ____	☐ 疑問	읽는법 ____ 의 미 ____
☐ 講演	읽는법 ____ 의 미 ____	☐ 決める	읽는법 ____ 의 미 ____
☐ 強化	읽는법 ____ 의 미 ____	☐ 結果	읽는법 ____ 의 미 ____

✎ 단어의 읽는 법과 의미를 써 봅시다.

단 어			단 어		
☐ 決断	읽는법		☐ 泣く	읽는법	
	의 미			의 미	
☐ 欠点	읽는법		☐ 血液	읽는법	
	의 미			의 미	
☐ 仕舞う	읽는법		☐ 話し合う	읽는법	
	의 미			의 미	
☐ 厚い	읽는법		☐ 混雑	읽는법	
	의 미			의 미	
☐ 回収	읽는법		☐ 混ぜる	읽는법	
	의 미			의 미	
☐ 会費	읽는법		☐ 湖	읽는법	
	의 미			의 미	
☐ 回す	읽는법		☐ 狭い	읽는법	
	의 미			의 미	
☐ 強いる	읽는법		☐ 穴	읽는법	
	의 미			의 미	
☐ 早退	읽는법		☐ 現在	읽는법	
	의 미			의 미	
☐ 活発	읽는법		☐ 暇	읽는법	
	의 미			의 미	
☐ 価格	읽는법		☐ 現実	읽는법	
	의 미			의 미	
☐ 歓迎	읽는법		☐ ゆらゆら	읽는법	
	의 미			의 미	
☐ 環境	읽는법		☐ まだ	읽는법	
	의 미			의 미	
☐ 丸い	읽는법		☐ まごまご	읽는법	
	의 미			의 미	
☐ 確実	읽는법		☐ ぶらぶら	읽는법	
	의 미			의 미	

✎≡ 단어의 읽는 법과 의미를 써 봅시다.

단 어	읽는법 / 의 미	단 어	읽는법 / 의 미
☐ ぶつかる	읽는법 ___ 의 미 ___	☐ 固い	읽는법 ___ 의 미 ___
☐ 鋭い	읽는법 ___ 의 미 ___	☐ 苦い	읽는법 ___ 의 미 ___
☐ 輸入	읽는법 ___ 의 미 ___	☐ 取り替える	읽는법 ___ 의 미 ___
☐ はっきり	읽는법 ___ 의 미 ___	☐ 苦しい	읽는법 ___ 의 미 ___
☐ 決心	읽는법 ___ 의 미 ___	☐ 永遠	읽는법 ___ 의 미 ___
☐ 鏡	읽는법 ___ 의 미 ___	☐ 戻す	읽는법 ___ 의 미 ___
☐ 軽い	읽는법 ___ 의 미 ___	☐ きつい	읽는법 ___ 의 미 ___
☐ 驚く	읽는법 ___ 의 미 ___	☐ 故障	읽는법 ___ 의 미 ___
☐ 景色	읽는법 ___ 의 미 ___	☐ 曲がる	읽는법 ___ 의 미 ___
☐ 経営	읽는법 ___ 의 미 ___	☐ 困る	읽는법 ___ 의 미 ___
☐ 経由	읽는법 ___ 의 미 ___	☐ 空	읽는법 ___ 의 미 ___
☐ 経験	읽는법 ___ 의 미 ___	☐ 空席	읽는법 ___ 의 미 ___
☐ 計算	읽는법 ___ 의 미 ___	☐ 共通	읽는법 ___ 의 미 ___
☐ 係員	읽는법 ___ 의 미 ___	☐ 過程	읽는법 ___ 의 미 ___
☐ 計画	읽는법 ___ 의 미 ___	☐ 郊外	읽는법 ___ 의 미 ___

✎ 단어의 읽는 법과 의미를 써 봅시다.

단 어		
☐ 交換	읽는법	
	의 미	
☐ 向かう	읽는법	
	의 미	
☐ 求人	읽는법	
	의 미	
☐ 具合	읽는법	
	의 미	
☐ 国籍	읽는법	
	의 미	
☐ 国際	읽는법	
	의 미	
☐ 勧誘	읽는법	
	의 미	
☐ 貴重	읽는법	
	의 미	
☐ 近所	읽는법	
	의 미	
☐ 禁煙	읽는법	
	의 미	
☐ 今朝	읽는법	
	의 미	
☐ 急ぐ	읽는법	
	의 미	
☐ 急に	읽는법	
	의 미	
☐ 訪ねる	읽는법	
	의 미	
☐ 残業	읽는법	
	의 미	

단 어		
☐ 祈る	읽는법	
	의 미	
☐ 機械	읽는법	
	의 미	
☐ 記念	읽는법	
	의 미	
☐ 記録	읽는법	
	의 미	
☐ 貯金	읽는법	
	의 미	
☐ 期限	읽는법	
	의 미	
☐ 機会	읽는법	
	의 미	
☐ 緊張	읽는법	
	의 미	
☐ 支給	읽는법	
	의 미	
☐ 暖かい	읽는법	
	의 미	
☐ 難しい	읽는법	
	의 미	
☐ 納得	읽는법	
	의 미	
☐ 内緒	읽는법	
	의 미	
☐ 内容	읽는법	
	의 미	
☐ 試合	읽는법	
	의 미	

✎ 단어의 읽는 법과 **의미**를 써 봅시다.

단 어	읽는법 / 의 미	단 어	읽는법 / 의 미
☐ 現す	읽는법 ___ / 의 미 ___	☐ 面倒臭い	읽는법 ___ / 의 미 ___
☐ 眩しい	읽는법 ___ / 의 미 ___	☐ 割れる	읽는법 ___ / 의 미 ___
☐ 許可	읽는법 ___ / 의 미 ___	☐ 慌てる	읽는법 ___ / 의 미 ___
☐ 許す	읽는법 ___ / 의 미 ___	☐ 汗	읽는법 ___ / 의 미 ___
☐ 嘘	읽는법 ___ / 의 미 ___	☐ 下車	읽는법 ___ / 의 미 ___
☐ 資料	읽는법 ___ / 의 미 ___	☐ 協力	읽는법 ___ / 의 미 ___
☐ 行事	읽는법 ___ / 의 미 ___	☐ 疲労	읽는법 ___ / 의 미 ___
☐ 行方	읽는법 ___ / 의 미 ___	☐ 疲れる	읽는법 ___ / 의 미 ___
☐ 方向	읽는법 ___ / 의 미 ___	☐ 風景	읽는법 ___ / 의 미 ___
☐ 熱心	읽는법 ___ / 의 미 ___	☐ 恋しい	읽는법 ___ / 의 미 ___
☐ 解消	읽는법 ___ / 의 미 ___	☐ 表面	읽는법 ___ / 의 미 ___
☐ 解決	읽는법 ___ / 의 미 ___	☐ 慣れる	읽는법 ___ / 의 미 ___
☐ 解ける	읽는법 ___ / 의 미 ___	☐ のろのろ	읽는법 ___ / 의 미 ___
☐ 航空	읽는법 ___ / 의 미 ___	☐ 管理	읽는법 ___ / 의 미 ___
☐ 改正	읽는법 ___ / 의 미 ___	☐ なるべく	읽는법 ___ / 의 미 ___

✎ 단어의 읽는 법과 의미를 써 봅시다.

단 어			단 어	
□ 表れる	읽는법	□ 投げる	읽는법	
	의 미		의 미	
□ 表す	읽는법	□ 通り過ぎる	읽는법	
	의 미		의 미	
□ 表	읽는법	□ せめて	읽는법	
	의 미		의 미	
□ 留守	읽는법	□ 通う	읽는법	
	의 미		의 미	
□ 包む	읽는법	□ 痛い	읽는법	
	의 미		의 미	
□ 怖い	읽는법	□ 隠す	읽는법	
	의 미		의 미	
□ 泡	읽는법	□ 太い	읽는법	
	의 미		의 미	
□ 閉じる	읽는법	□ 探す	읽는법	
	의 미		의 미	
□ 評判	읽는법	□ 需要	읽는법	
	의 미		의 미	
□ 平日	읽는법	□ 親	읽는법	
	의 미		의 미	
□ 編む	읽는법	□ 値段	읽는법	
	의 미		의 미	
□ 早速	읽는법	□ 脱ぐ	읽는법	
	의 미		의 미	
□ 屋上	읽는법	□ 恥ずかしい	읽는법	
	의 미		의 미	
□ 波	읽는법	□ 治す	읽는법	
	의 미		의 미	
□ 見方	읽는법	□ 溺れる	읽는법	
	의 미		의 미	

✎ 실제 시험유형과 비슷한 문제를 통해 복습해 봅시다.

1 ____의 단어의 읽는 법으로 가장 적당한 것을 ①, ②, ③, ④에서 하나 고르세요.

1) 今週は各地でいろいろな花火大会が行われます。

이번 주는 각지에서 다양한 불꽃놀이가 시행됩니다.

① かつじ   ② かっち   ③ かくじ   ④ かくち

2) リボンをきれいに結んでほしいです。 리본을 예쁘게 묶어 줬으면 좋겠습니다.

① あんで   ② つんで   ③ むすんで   ④ たたんで

3) 父は最近仕事で困っているみたいだ。

아버지는 요즘 일 때문에 곤란해하는 것 같다.

① まよって   ② こまって   ③ おこって   ④ うたがって

2 ____의 단어를 한자로 쓸 때 가장 적당한 것을 ①, ②, ③, ④에서 하나 고르세요.

1) 今朝からはが痛いです。 오늘 아침부터 이가 아픕니다.

① 腹   ② 胃   ③ 歯   ④ 腰

2) もう少しあつい辞書がほしいです。 좀 더 두꺼운 사전을 갖고 싶습니다.

① 浅い   ② 丸い   ③ 太い   ④ 厚い

3) 妹は急に大声でなきだした。 여동생은 갑자기 큰 소리로 울기 시작했다.

① 涙きだした   ② 悲きだした   ③ 冷きだした   ④ 泣きだした

3 ( )에 들어갈 것으로 가장 적당한 것을 ①, ②, ③, ④에서 하나 고르세요.

1) 試験まで時間があったので、周辺を( )していた。

시험까지 시간이 있어서 주변을 어슬렁어슬렁 하고 있었다.

① うろうろ　　② まごまご　　③ ゆらゆら　　④ ぶらぶら

2) 庭に花を5センチ( )で植えました。

정원에 꽃을 5cm 간격으로 심었습니다.

① 輸入　　② 間隔　　③ 記録　　④ 位置

3) 駅の近くは少なくとも( )が5万円は必要です。

역 근처는 적어도 집세가 5만 엔은 필요합니다.

① 価格　　② 代金　　③ 会費　　④ 家賃

4) 今からテストを始めますので、本はかばんの中に( )ください。

지금부터 테스트를 시작할 테니 책은 가방 안에 넣어 주세요.

① 渡して　　② 加えて　　③ 仕舞って　　④ ぶつかって

정답

1 1) ④ 2) ③ 3) ②
2 1) ③ 2) ④ 3) ④
3 1) ④ 2) ② 3) ④ 4) ③

WEEK 02

2 주 째

めんどくせー。
今週はパス！

DAY 1

1회 2회 3회

💡 단어의 읽는 법과 의미를 외워 봅시다.

🔊 MP3 1-2-1

단 어	읽는법	의 미
01 怒る	おこる	화내다, 꾸짖다
02 濃い	こい	짙다, 진하다
03 悩む	なやむ	고민하다
04 能力	のうりょく	능력
05 泥	どろ	진흙
06 多少	たしょう	다소, 꽤
07 短気 ㉓	たんき	성마름, 급한 성질 (+だ 하다/+な 한)
08 担当	たんとう	담당
09 団体	だんたい	단체
10 単語 ⑪	たんご	단어

💡 단어의 읽는 법과 의미를 외워 봅시다.

단 어	읽는법	의 미
11 担任	たんにん	담임
12 達成	たっせい	달성
13 答える	こたえる	대답하다
14 当日	とうじつ	당일
15 貸す	かす	빌려주다
16 大家	おおや	집주인
17 代金	だいきん	대금
18 大量 ⑪	たいりょう	대량
19 坂道	さかみち	언덕길
20 大勢	おおぜい	많은 사람

💡 단어의 읽는 법과 의미를 외워 봅시다.

단 어	읽는법	의 미
21 大人	おとな	어른
22 記す	しるす	적다, 기록하다, 새기다
23 道	みち	길
24 導く	みちびく	이끌다, 인도하다
25 逃げる ⑯㉑	にげる	도망치다, 회피하다
26 渡す	わたす	건네주다, 넘겨주다
27 盗む	ぬすむ	훔치다, (타인의 눈) 속이다
28 渡る	わたる	건너다, 넘어가다
29 倒れる	たおれる	쓰러지다, 넘어지다
30 道具	どうぐ	도구

💡 단어의 읽는 법과 의미를 외워 봅시다.

🔊 MP3 1-2-2

단 어	읽는법	의 미
01 倒産	とうさん	도산
02 都市	とし	도시
03 都合	つごう	(시간상) 형편, 사정
04 野菜	やさい	채소
05 独立 ⑯	どくりつ	독립
06 励ます	はげます	격려하다, 북돋우다
07 動く	うごく	움직이다, 작동하다
08 同じ	おなじ	같음(+だ 하다/+に 하게)
09 動作 ㉑㉓	どうさ	동작
10 豆	まめ	콩

💡 단어의 읽는 법과 의미를 외워 봅시다.

단 어	읽는법	의 미
11 **頭**	あたま	머리
12 **頭痛** ⑰	ずつう	두통
13 **目覚ましい**	めざましい	눈부시다, 놀랍다
14 **落ち着く** ⑩⑲	おちつく	안정되다, 침착하다
15 **落とす**	おとす	떨어뜨리다, 잃어버리다
16 **冷える** ⑰㉒	ひえる	차가워지다, 식다
17 **冷たい**	つめたい	차갑다
18 **両替** ⑪	りょうがえ	환전
19 **写す**	うつす	(그림, 문서) 베끼다, 묘사하다
20 **旅館**	りょかん	여관

💡 단어의 읽는 법과 의미를 외워 봅시다.

단 어	읽는법	의 미
21 旅行	りょこう	여행
22 歴史	れきし	역사
23 連絡	れんらく	연락
24 領収書	りょうしゅうしょ	영수증(=領収証^{りょうしゅうしょう})
25 老人	ろうじん	노인
26 論文	ろんぶん	논문
27 頼む	たのむ	부탁하다
28 料理	りょうり	요리
29 流す	ながす	흘리다, 틀다, 씻어 내다
30 溜まる	たまる	(일, 스트레스) 쌓이다

💡 단어의 읽는 법과 의미를 외워 봅시다.　🔊 MP3 1-2-3

단 어	읽는법	의 미
01 **就職** ⑲	しゅうしょく	취직
02 **修理**	しゅうり	수리
03 **取り消す** ⑲	とりけす	취소하다
04 **取り上げる**	とりあげる	집어 들다, 빼앗다
05 **就く**	つく	(직위, 위치) 오르다, 종사하다
06 **酔う**	よう	(술) 취하다, (탈것) 멀미하다
07 **衝突**	しょうとつ	충돌
08 **信号**	しんごう	신호(=合図^{あい ず})
09 **出席**	しゅっせき	출석
10 **出発**	しゅっぱつ	출발

💡 단어의 읽는 법과 의미를 외워 봅시다.

단 어	읽는법	의 미
11 出来上がる	できあがる	완성되다
12 出勤 ⑱	しゅっきん	출근
13 祝日	しゅくじつ	경축일
14 祝う	いわう	축하하다
15 追加	ついか	추가
16 追う ⑩	おう	쫓다, 뒤따르다
17 追い付く	おいつく	따라잡다, (수준) 달하다
18 最初 ⑲	さいしょ	처음, 최초
19 最中	さいちゅう	한창(+な 한/+に 하게)
20 最終的	さいしゅうてき	최종적 (+な 한/+に 하게)

💡 단어의 읽는 법과 의미를 외워 봅시다.

단 어	읽는법	의 미
21 最近 ⑬	さいきん	최근
22 向上	こうじょう	향상
23 売り切れる	うりきれる	매진되다
24 招待	しょうたい	초대
25 焦げる	こげる	검게 타다, 그을리다, 눋다
26 招く	まねく	초대하다, 초래하다
27 草	くさ	풀
28 測量	そくりょう	측량
29 諦める ㉒	あきらめる	포기하다, 단념하다
30 締める	しめる	(넥타이, 벨트) 매다, (마음, 행동) 다잡다

💡 단어의 읽는 법과 의미를 외워 봅시다.

🔊 MP3 1-2-4

단 어	읽는법	의 미
01 替える ⑱	かえる	바꾸다, 교환하다
02 裏 ㉑	うら	뒤, 뒷면, 안
03 入試	にゅうし	입시
04 理由 ⑪⑲	りゆう	이유
05 裏側	うらがわ	뒤쪽, 이면
06 磨く	みがく	닦다, 연마하다
07 忙しい	いそがしい	바쁘다
08 望む	のぞむ	바라다
09 忘れる	わすれる	잊다
10 いらいら		초조한 모양

💡 단어의 읽는 법과 의미를 외워 봅시다.

단 어	읽는법	의 미
11 くたびれる		지치다, 피로하다
12 掃く	はく	(빗자루) 쓸다
13 だるい ⑬㉑		나른하다
14 改札 ⑱	かいさつ	개찰(구)
15 明ける	あける	(날) 밝다, 새다, 끝나다
16 明るい	あかるい	밝다
17 暮す	くらす	살다, 생활하다
18 暮れる	くれる	(날) 저물다
19 募金	ぼきん	모금
20 募集 ⑯	ぼしゅう	모집

💡 단어의 읽는 법과 의미를 외워 봅시다.

단 어	읽는법	의 미
21 目立つ	めだつ	눈에 띄다, 두드러지다
22 目的	もくてき	목적
23 夢中	むちゅう	열중함, 푹 빠짐 (+だ 하다/+に 하게)
24 岩 ⑩⑳	いわ	바위
25 味	あじ	맛
26 迷う ⑱	まよう	헤매다, 망설이다
27 美しい ⑮	うつくしい	아름답다
28 薄い	うすい	연하다, 얇다
29 泊まる ㉑	とまる	머물다, 묵다
30 返す ⑪	かえす	되돌려주다, 갚다

DAY 5

1회 2회 3회

💡 단어의 읽는 법과 의미를 외워 봅시다.　🔊 MP3 1-2-5

단 어	읽는법	의 미
01 返事	へんじ	답변, 대답
02 髪	かみ	머리카락
03 抜く	ぬく	뽑아내다, 선발하다
04 発見 ⑩	はっけん	발견
05 拭く ⑰	ふく	닦다, 훔치다
06 発表 ⑪⑮	はっぴょう	발표
07 尋ねる	たずねる	묻다, 질문하다
08 配る ⑫	くばる	나누어 주다, 고루 미치게 하다
09 配達 ⑳	はいたつ	배달
10 破れる	やぶれる	찢어지다, 깨지다

💡 단어의 읽는 법과 의미를 외워 봅시다.

단 어	읽는법	의 미
11 番組	ばんぐみ	프로그램, 방송
12 法律 ⑪	ほうりつ	법률
13 壁	かべ	벽
14 変える	かえる	바꾸다
15 辺り	あたり	근처, 근방
16 変更	へんこう	변경
17 変化	へんか	변화
18 別れる ⑫	わかれる	헤어지다
19 並ぶ	ならぶ	줄 서다, 견주다
20 並べる	ならべる	진열하다, 나란히 놓다

💡 단어의 읽는 법과 의미를 외워 봅시다.

단 어	읽는법	의 미
21 病院	びょういん	병원
22 歩く	あるく	걷다
23 濡れる	ぬれる	젖다
24 復習 ㉓	ふくしゅう	복습
25 複雑 ⑪⑱⑳	ふくざつ	복잡(+だ 하다/+な 한)
26 服装	ふくそう	복장
27 交流 ⑳㉓	こうりゅう	교류
28 本日	ほんじつ	오늘
29 停電 ⑲	ていでん	정전
30 浮く	うく	뜨다, 들뜨다

DAY 6

💡 단어의 읽는 법과 의미를 외워 봅시다.

🔊 MP3 1-2-6

단 어	읽는법	의 미
01 栄養 ⑮㉑	えいよう	영양
02 夫婦 ㉓	ふうふ	부부
03 部屋	へや	방
04 否定	ひてい	부정
05 体	からだ	몸
06 体力	たいりょく	체력
07 払う	はらう	지불하다, 제거하다
08 沸かす	わかす	(물) 끓이다, (금속) 녹이다
09 沸く	わく	(물) 끓다, (금속) 녹다, 열광하다
10 悲しい	かなしい	슬프다

💡 단어의 읽는 법과 의미를 외워 봅시다.

단 어	읽는법	의 미
11 飛ぶ	とぶ	날다, 날아가다
12 沸騰	ふっとう	비등(들끓음)
13 非常	ひじょう	상당함, 대단함 (+な 한/+に 하게)
14 貧しい	まずしい	가난하다, 빈약하다
15 大体	だいたい	대체, 대개
16 そっくり ⑩⑮		꼭 빼닮음 (+だ 하다/+な 한)
17 すっかり		완전히
18 思い付く	おもいつく	문득 생각이 떠오르다
19 新鮮 ⑮	しんせん	신선(+だ 하다/+な 한)
20 捨てる	すてる	버리다

💡 단어의 읽는 법과 의미를 외워 봅시다.

단 어	읽는법	의 미
21 基礎	きそ	기초
22 謝る	あやまる	사과하다
23 事故	じこ	사고
24 写真	しゃしん	사진
25 似合う ⑯	にあう	어울리다
26 削る	けずる	깎다, 삭감하다
27 産業	さんぎょう	산업
28 森	もり	우거진 숲, 삼림
29 傷 ⑯	きず	상처, 흠
30 相談 ⑫⑱	そうだん	상담

💡 한 주 동안 외운 단어를 점검해 봅시다.

WEEK 02	학습 날짜	달성 목표	다시 한번 확인해야 하는 단어
DAY 1	__ / __	30개 중 __개 암기!	
DAY 2	__ / __	30개 중 __개 암기!	
DAY 3	__ / __	30개 중 __개 암기!	
DAY 4	__ / __	30개 중 __개 암기!	
DAY 5	__ / __	30개 중 __개 암기!	
DAY 6	__ / __	30개 중 __개 암기!	

단 어			단 어		
☐ 怒る	읽는법		☐ 大家	읽는법	
	의 미			의 미	
☐ 濃い	읽는법		☐ 代金	읽는법	
	의 미			의 미	
☐ 悩む	읽는법		☐ 大量	읽는법	
	의 미			의 미	
☐ 能力	읽는법		☐ 坂道	읽는법	
	의 미			의 미	
☐ 泥	읽는법		☐ 大勢	읽는법	
	의 미			의 미	
☐ 多少	읽는법		☐ 大人	읽는법	
	의 미			의 미	
☐ 短気	읽는법		☐ 記す	읽는법	
	의 미			의 미	
☐ 担当	읽는법		☐ 道	읽는법	
	의 미			의 미	
☐ 団体	읽는법		☐ 導く	읽는법	
	의 미			의 미	
☐ 単語	읽는법		☐ 逃げる	읽는법	
	의 미			의 미	
☐ 担任	읽는법		☐ 渡す	읽는법	
	의 미			의 미	
☐ 達成	읽는법		☐ 盗む	읽는법	
	의 미			의 미	
☐ 答える	읽는법		☐ 渡る	읽는법	
	의 미			의 미	
☐ 当日	읽는법		☐ 倒れる	읽는법	
	의 미			의 미	
☐ 貸す	읽는법		☐ 道具	읽는법	
	의 미			의 미	

✐ 단어의 읽는 법과 의미를 써 봅시다.

단 어		단 어	
☐ 倒産	읽는법 의 미	☐ 冷える	읽는법 의 미
☐ 都市	읽는법 의 미	☐ 冷たい	읽는법 의 미
☐ 都合	읽는법 의 미	☐ 両替	읽는법 의 미
☐ 野菜	읽는법 의 미	☐ 写す	읽는법 의 미
☐ 独立	읽는법 의 미	☐ 旅館	읽는법 의 미
☐ 励ます	읽는법 의 미	☐ 旅行	읽는법 의 미
☐ 動く	읽는법 의 미	☐ 歴史	읽는법 의 미
☐ 同じ	읽는법 의 미	☐ 連絡	읽는법 의 미
☐ 動作	읽는법 의 미	☐ 領収書	읽는법 의 미
☐ 豆	읽는법 의 미	☐ 老人	읽는법 의 미
☐ 頭	읽는법 의 미	☐ 論文	읽는법 의 미
☐ 頭痛	읽는법 의 미	☐ 頼む	읽는법 의 미
☐ 目覚ましい	읽는법 의 미	☐ 料理	읽는법 의 미
☐ 落ち着く	읽는법 의 미	☐ 流す	읽는법 의 미
☐ 落とす	읽는법 의 미	☐ 溜まる	읽는법 의 미

✎ 단어의 읽는 법과 **의미**를 써 봅시다.

단 어	읽는법 / 의 미	단 어	읽는법 / 의 미
☐ 就職	읽는법 / 의 미	☐ 追う	읽는법 / 의 미
☐ 修理	읽는법 / 의 미	☐ 追い付く	읽는법 / 의 미
☐ 取り消す	읽는법 / 의 미	☐ 最初	읽는법 / 의 미
☐ 取り上げる	읽는법 / 의 미	☐ 最中	읽는법 / 의 미
☐ 就く	읽는법 / 의 미	☐ 最終的	읽는법 / 의 미
☐ 酔う	읽는법 / 의 미	☐ 最近	읽는법 / 의 미
☐ 衝突	읽는법 / 의 미	☐ 向上	읽는법 / 의 미
☐ 信号	읽는법 / 의 미	☐ 売り切れる	읽는법 / 의 미
☐ 出席	읽는법 / 의 미	☐ 招待	읽는법 / 의 미
☐ 出発	읽는법 / 의 미	☐ 焦げる	읽는법 / 의 미
☐ 出来上がる	읽는법 / 의 미	☐ 招く	읽는법 / 의 미
☐ 出勤	읽는법 / 의 미	☐ 草	읽는법 / 의 미
☐ 祝日	읽는법 / 의 미	☐ 測量	읽는법 / 의 미
☐ 祝う	읽는법 / 의 미	☐ 諦める	읽는법 / 의 미
☐ 追加	읽는법 / 의 미	☐ 締める	읽는법 / 의 미

✎ 단어의 읽는 법과 **의미**를 써 봅시다.

단어	읽는법 / 의 미	단어	읽는법 / 의 미
☐ 替える	읽는법 _____ / 의 미 _____	☐ 明るい	읽는법 _____ / 의 미 _____
☐ 裏	읽는법 _____ / 의 미 _____	☐ 暮す	읽는법 _____ / 의 미 _____
☐ 入試	읽는법 _____ / 의 미 _____	☐ 暮れる	읽는법 _____ / 의 미 _____
☐ 理由	읽는법 _____ / 의 미 _____	☐ 募金	읽는법 _____ / 의 미 _____
☐ 裏側	읽는법 _____ / 의 미 _____	☐ 募集	읽는법 _____ / 의 미 _____
☐ 磨く	읽는법 _____ / 의 미 _____	☐ 目立つ	읽는법 _____ / 의 미 _____
☐ 忙しい	읽는법 _____ / 의 미 _____	☐ 目的	읽는법 _____ / 의 미 _____
☐ 望む	읽는법 _____ / 의 미 _____	☐ 夢中	읽는법 _____ / 의 미 _____
☐ 忘れる	읽는법 _____ / 의 미 _____	☐ 岩	읽는법 _____ / 의 미 _____
☐ いらいら	읽는법 _____ / 의 미 _____	☐ 味	읽는법 _____ / 의 미 _____
☐ くたびれる	읽는법 _____ / 의 미 _____	☐ 迷う	읽는법 _____ / 의 미 _____
☐ 掃く	읽는법 _____ / 의 미 _____	☐ 美しい	읽는법 _____ / 의 미 _____
☐ だるい	읽는법 _____ / 의 미 _____	☐ 薄い	읽는법 _____ / 의 미 _____
☐ 改札	읽는법 _____ / 의 미 _____	☐ 泊まる	읽는법 _____ / 의 미 _____
☐ 明ける	읽는법 _____ / 의 미 _____	☐ 返す	읽는법 _____ / 의 미 _____

✎ 단어의 읽는 법과 의미를 써 봅시다.

단 어			단 어	
☐ 返事	읽는법	☐ 変更	읽는법	
	의 미		의 미	
☐ 髪	읽는법	☐ 変化	읽는법	
	의 미		의 미	
☐ 抜く	읽는법	☐ 別れる	읽는법	
	의 미		의 미	
☐ 発見	읽는법	☐ 並ぶ	읽는법	
	의 미		의 미	
☐ 拭く	읽는법	☐ 並べる	읽는법	
	의 미		의 미	
☐ 発表	읽는법	☐ 病院	읽는법	
	의 미		의 미	
☐ 尋ねる	읽는법	☐ 歩く	읽는법	
	의 미		의 미	
☐ 配る	읽는법	☐ 濡れる	읽는법	
	의 미		의 미	
☐ 配達	읽는법	☐ 復習	읽는법	
	의 미		의 미	
☐ 破れる	읽는법	☐ 複雑	읽는법	
	의 미		의 미	
☐ 番組	읽는법	☐ 服装	읽는법	
	의 미		의 미	
☐ 法律	읽는법	☐ 交流	읽는법	
	의 미		의 미	
☐ 壁	읽는법	☐ 本日	읽는법	
	의 미		의 미	
☐ 変える	읽는법	☐ 停電	읽는법	
	의 미		의 미	
☐ 辺り	읽는법	☐ 浮く	읽는법	
	의 미		의 미	

✎ 단어의 읽는 법과 **의미**를 써 봅시다.

단 어	읽는법 / 의 미	단 어	읽는법 / 의 미
☐ 栄養	읽는법 ___ / 의 미 ___	☐ そっくり	읽는법 ___ / 의 미 ___
☐ 夫婦	읽는법 ___ / 의 미 ___	☐ すっかり	읽는법 ___ / 의 미 ___
☐ 部屋	읽는법 ___ / 의 미 ___	☐ 思い付く	읽는법 ___ / 의 미 ___
☐ 否定	읽는법 ___ / 의 미 ___	☐ 新鮮	읽는법 ___ / 의 미 ___
☐ 体	읽는법 ___ / 의 미 ___	☐ 捨てる	읽는법 ___ / 의 미 ___
☐ 体力	읽는법 ___ / 의 미 ___	☐ 基礎	읽는법 ___ / 의 미 ___
☐ 払う	읽는법 ___ / 의 미 ___	☐ 謝る	읽는법 ___ / 의 미 ___
☐ 沸かす	읽는법 ___ / 의 미 ___	☐ 事故	읽는법 ___ / 의 미 ___
☐ 沸く	읽는법 ___ / 의 미 ___	☐ 写真	읽는법 ___ / 의 미 ___
☐ 悲しい	읽는법 ___ / 의 미 ___	☐ 似合う	읽는법 ___ / 의 미 ___
☐ 飛ぶ	읽는법 ___ / 의 미 ___	☐ 削る	읽는법 ___ / 의 미 ___
☐ 沸騰	읽는법 ___ / 의 미 ___	☐ 産業	읽는법 ___ / 의 미 ___
☐ 非常	읽는법 ___ / 의 미 ___	☐ 森	읽는법 ___ / 의 미 ___
☐ 貧しい	읽는법 ___ / 의 미 ___	☐ 傷	읽는법 ___ / 의 미 ___
☐ 大体	읽는법 ___ / 의 미 ___	☐ 相談	읽는법 ___ / 의 미 ___

✎ 실제 시험유형과 비슷한 문제를 통해 복습해 봅시다.

1 ＿＿＿의 단어의 읽는 법으로 가장 적당한 것을 ①, ②, ③, ④에서 하나 고르세요.

1) 日本語クラスの学生を募集しています。

일본어 반의 학생을 모집하고 있습니다.

　①ぼうしゅう　　②ぼしゅう　　③もうしゅう　　④もしゅう

2) 面接の合格者が発表された。 면접 합격자가 발표되었다.

　①はつひょう　　②はっぴょう　　③はつひょ　　④はっぴょ

3) 社長もいらっしゃるので、服装はきちんとしてください。

사장님도 오시기 때문에 복장은 똑바로 해 주세요.

　①ふくしょく　　②ふくそく　　③ふくしょう　　④ふくそう

2 ＿＿＿의 단어를 한자로 쓸 때 가장 적당한 것을 ①, ②, ③, ④에서 하나 고르세요.

1) どのパソコンにしようかまよっています。

어느 컴퓨터로 할지 망설이고 있습니다.

　①拾って　　②疑って　　③迷って　　④通って

2) 大雨のせいで、ていでんがあった。

큰비 탓에 정전이 있었다.

　①止電　　②落電　　③閉電　　④停電

3) この店は昔の音楽をながしています。 이 가게는 옛날 음악을 틀고 있습니다.

　①流して　　②洗して　　③消して　　④清して

③ ( )에 들어갈 것으로 가장 적당한 것을 ①, ②, ③, ④에서 하나 고르세요.

1) 新しく家具を買って、( )もらった。

새로 가구를 사서 배달을 받았다.

① 相談して　　　② 配達して　　　③ 発見して　　　④ 返事して

2) 大人数で話すときは、一人一人に十分、気を( )ことだ。

많은 사람들과 이야기할 때는 한명 한명에게 충분히 신경써야 한다.

① 離れる　　　② 替える　　　③ 磨く　　　④ 配る

3) 勉強中、眠くて集中できないときは、( )お茶を飲むといいそうです。

공부하는 중에 졸려서 집중이 안 될 때는 진한 차를 마시면 좋다고 합니다.

① 太い　　　② 恥ずかしい　　　③ 大人しい　　　④ 濃い

4) 週末に友だちと旅行に行こうとしたが、台風が来るので、
( )ことにしました。

주말에 친구들과 여행을 가려고 했지만, 태풍이 와서 취소하기로 합니다.

① 出来上がる　　　② 売り切れる　　　③ 取り消す　　　④ 追いつく

정답

① 1) ② 2) ② 3) ④
② 1) ③ 2) ④ 3) ①
③ 1) ② 2) ④ 3) ④ 4) ③

WEEK 03

3 주 째

時間がない！
もっとがんばろう！

💡 단어의 읽는 법과 의미를 외워 봅시다.　🔊 MP3 1-3-1

단 어	읽는법	의 미
01 **相手** ⑭	あいて	상대
02 **商業** ⑭	しょうぎょう	상업
03 **商品** ⑰	しょうひん	상품
04 **命令** ⑱㉑	めいれい	명령
05 **生きる**	いきる	살다
06 **生まれる**	うまれる	태어나다, 새로 생기다
07 **生産**	せいさん	생산
08 **暑い**	あつい	덥다
09 **建築** ⑱	けんちく	건축
10 **夕食**	ゆうしょく	석식, 저녁 식사

💡 단어의 읽는 법과 의미를 외워 봅시다.

단 어	읽는법	의 미
11 選ぶ	えらぶ	선택하다, 고르다
12 選手 ⑬	せんしゅ	선수
13 宣伝	せんでん	선전(=プロパガンダ)
14 中間	ちゅうかん	중간
15 説明	せつめい	설명
16 星	ほし	별
17 緩い	ゆるい	헐렁하다, 완만하다
18 性格 ⑯㉑	せいかく	성격
19 成績 ⑯	せいせき	성적
20 貿易	ぼうえき	무역

💡 단어의 읽는 법과 의미를 외워 봅시다.

단 어	읽는법	의 미
21 細い ㉓	ほそい	가늘다, 좁다
22 余る	あまる	남다, 넘치다
23 歩道	ほどう	보도, 인도
24 細かい ⑭㉒	こまかい	잘다, 자세하다, 사소하다
25 世界	せかい	세계
26 税金	ぜいきん	세금
27 人数	にんずう	인원수
28 笑う	わらう	웃다
29 消える	きえる	꺼지다, 사라지다
30 咲く	さく	(꽃) 피다

DAY 2

1회 2회 3회

💡 단어의 읽는 법과 의미를 외워 봅시다.

🔊 MP3 1-3-2

단 어	읽는법	의 미
01 焼く ⑯㉓	やく	굽다, 태우다
02 留学	りゅうがく	유학
03 少し	すこし	조금
04 紹介	しょうかい	소개
05 消費 ⑯	しょうひ	소비
06 規則 ⑮⑯㉑	きそく	규칙
07 続ける	つづける	계속하다
08 送信	そうしん	송신
09 首 ⑮	くび	목
10 数える	かぞえる	(수) 세다

💡 단어의 읽는 법과 의미를 외워 봅시다.

단 어	읽는법	의 미
11 受かる	うかる	합격하다
12 守る ⑫⑮	まもる	지키다, 보호하다
13 近道	ちかみち	지름길(=早道^{はやみち})
14 首都 ⑪	しゅと	수도(=都^{みやこ})
15 受付	うけつけ	접수
16 手術	しゅじゅつ	수술
17 授業	じゅぎょう	수업
18 収入	しゅうにゅう	수입, 소득
19 修正	しゅうせい	수정
20 輸出	ゆしゅつ	수출

💡 단어의 읽는 법과 의미를 외워 봅시다.

단 어	읽는법	의 미
21 縮小	しゅくしょう	축소
22 順調	じゅんちょう	순조(+な 한/+に 하게)
23 拾う	ひろう	줍다, 골라내다
24 親しい ⑲㉑	したしい	친하다, 가깝다
25 気付く ⑳	きづく	알아차리다, 깨닫다
26 詳しい	くわしい	상세하다, 정통하다
27 勝つ ⑲	かつ	이기다, 쟁취하다
28 乗り換える	のりかえる	(교통수단) 갈아타다
29 乗車 ⑯	じょうしゃ	승차
30 示す	しめす	나타내다, 가리키다

💡 단어의 읽는 법과 의미를 외워 봅시다.   🔊 MP3 1-3-3

단 어	읽는법	의 미
01 試す	ためす	시험하다
02 試食	ししょく	시식
03 試験	しけん	시험
04 植える ⑪	うえる	심다, (사상, 생각) 불어넣다
05 食器 ⑭	しょっき	식기
06 文句 ⑮⑳	もんく	불평, 이의
07 郵便 ⑱	ゆうびん	우편
08 上達	じょうたつ	(실력) 향상, 숙달
09 換える	かえる	바꾸다, 교환하다
10 申し込み ⑯	もうしこみ	신청

💡 단어의 읽는 법과 의미를 외워 봅시다.

단 어	읽는법	의 미
11 **関心** ⑮	かんしん	관심
12 **身長** ⑩	しんちょう	신장, 키
13 **慎重**	しんちょう	신중(+な 한/+に 하게)
14 **申請**	しんせい	신청
15 **失う**	うしなう	잃다
16 **室内**	しつない	실내
17 **失礼**	しつれい	실례
18 **失業**	しつぎょう	실업
19 **失敗**	しっぱい	실패
20 **心配** ⑯⑲㉓	しんぱい	걱정

💡 단어의 읽는 법과 의미를 외워 봅시다.

단 어	읽는법	의 미
21 **十分**	じゅうぶん	충분(+だ하다/+な한)
22 **悪い**	わるい	나쁘다, 잘못하다
23 **楽しい** ⑪	たのしい	즐겁다
24 **顔**	かお	얼굴
25 **眼鏡**	めがね	안경
26 **安全**	あんぜん	안전(+だ하다/+な한)
27 **暗い**	くらい	어둡다, 우울하다
28 **押す**	おす	누르다, 밀다
29 **夜中**	よなか	한밤중
30 **若い** ⑭⑲	わかい	젊다, 미숙하다

DAY 4

💡 단어의 읽는 법과 의미를 외워 봅시다.

🔊 MP3 1-3-4

단 어	읽는법	의 미
01 洋服	ようふく	양복
02 様子	ようす	모습, 상태
03 涙 ⑪	なみだ	눈물
04 言葉	ことば	말, 언어
05 厳しい	きびしい	엄하다, 냉엄하다
06 予防	よぼう	예방
07 予報	よほう	예보
08 分野	ぶんや	분야
09 報告 ⑲㉑	ほうこく	보고
10 迷惑	めいわく	민폐, 성가심 (+だ 하다/+な 한)

💡 단어의 읽는 법과 의미를 외워 봅시다.

단 어	읽는법	의 미
11 **易しい**	やさしい	쉽다
12 **役立つ**	やくだつ	도움이 되다, 쓸모가 있다
13 **燃える**	もえる	불 타다, 연소하다
14 **延ばす** ⑫	のばす	(시간, 일정) 연기하다
15 **研究室**	けんきゅうしつ	연구실
16 **延期** ⑱㉑	えんき	(시간, 일정) 연기
17 **確か** ⑱㉒	たしか	확실함, 틀림없음 (+だ 하다/+な 한)
18 **燃焼**	ねんしょう	연소
19 **演奏**	えんそう	연주
20 **熱**	ねつ	열

💡 단어의 읽는 법과 의미를 외워 봅시다.

단 어	읽는법	의 미
21 **葉**	は	잎
22 **葉書**	はがき	엽서
23 **出身**	しゅっしん	출신
24 **営業**	えいぎょう	영업
25 **影響** ⑪	えいきょう	영향
26 **映画**	えいが	영화
27 **預かる**	あずかる	맡다, 보관하다
28 **汚い** ⑰	きたない	더럽다, 추잡하다
29 **区別** ⑱	くべつ	구별
30 **汚れる** ⑮	よごれる	더러워지다

DAY 5

1회 2회 3회

💡 단어의 읽는 법과 의미를 외워 봅시다.

🔊 MP3 1-3-5

단 어	읽는법	의 미
01 屋根	やね	지붕
02 温暖化	おんだんか	온난화
03 温度	おんど	온도
04 温泉	おんせん	온천
05 腕	うで	팔, 솜씨
06 外	そと	밖
07 外科	げか	외과
08 外食 ⑫	がいしょく	외식
09 内側 ⑲	うちがわ	안쪽, 내면
10 腰 ⑱	こし	허리

3주째 **77**

💡 단어의 읽는 법과 의미를 외워 봅시다.

단 어	읽는법	의 미
[11] 要求	ようきゅう	요구
[12] 溶ける ⑲	とける	녹다
[13] 容器 ⑬	ようき	용기, 그릇
[14] 用意	ようい	준비
[15] 優勝	ゆうしょう	우승
[16] 運転	うんてん	운전
[17] 運行	うんこう	운행
[18] 用事	ようじ	볼일, 용무
[19] 原料 ⑫⑱	げんりょう	원료
[20] 原因 ⑮	げんいん	원인

💡 단어의 읽는 법과 의미를 외워 봅시다.

단 어	읽는법	의 미
21 偉い	えらい	훌륭하다, 대단하다
22 危ない	あぶない	위험하다, 불안하다
23 慰める	なぐさめる	위로하다, 달래다
24 位置	いち	위치
25 偶然 ⑱⑳	ぐうぜん	우연
26 誘う	さそう	권하다, 권유하다
27 丘	おか	언덕
28 有料	ゆうりょう	유료
29 育てる	そだてる	키우다, 기르다
30 応募 ⑪⑰	おうぼ	응모

DAY 6

1회 2회 3회

💡 단어의 읽는 법과 의미를 외워 봅시다.

🔊 MP3 1-3-6

단 어	읽는법	의 미
01 制限 ⑱	せいげん	제한
02 疑う ⑱⑳㉓	うたがう	의심하다
03 冗談 ⑪⑲	じょうだん	농담
04 意識	いしき	의식
05 衣装	いしょう	의상
06 移動 ⑮	いどう	이동
07 以外	いがい	이외
08 印象 ⑭⑲	いんしょう	인상
09 印刷	いんさつ	인쇄
10 日記	にっき	일기

💡 단어의 읽는 법과 의미를 외워 봅시다.

단 어	읽는법	의 미
11 姿勢	しせい	자세, 태도
12 資源 ⑭㉒	しげん	자원
13 残念	ざんねん	유감, 안타까움 (+だ 하다/+な 한)
14 将来	しょうらい	장래
15 丈夫	じょうぶ	튼튼함 (+だ 하다/+な 한)
16 材料 ㉑	ざいりょう	재료
17 貯める ⑪	ためる	(돈) 모으다, (일) 미뤄 두다
18 積極的 ⑭⑲	せっきょくてき	적극적 (+な 한/+に 하게)
19 伝える	つたえる	전하다
20 転ぶ ⑪⑰	ころぶ	자빠지다, 구르다

💡 단어의 읽는 법과 의미를 외워 봅시다.

단 어	읽는법	의 미
21 **伝言** ㉑	でんごん	전언(남기는 말)
22 **伝統**	でんとう	전통
23 **自慢**	じまん	자랑
24 **折れる** ⑯	おれる	꺾이다, 접히다
25 **過去** ⑪⑰㉑	かこ	과거
26 **節約**	せつやく	절약
27 **庭**	にわ	정원, 뜰
28 **丁寧**	ていねい	공손함, 정중함, 주의 깊음 (+な 한/+に 하게)
29 **整理** ㉒	せいり	정리
30 **情報** ⑪㉒	じょうほう	정보

💡 한 주 동안 외운 단어를 점검해 봅시다.

WEEK 03	학습 날짜	달성 목표	다시 한번 확인해야 하는 단어
DAY 1	___ / ___	30개 중 ___개 암기!	
DAY 2	___ / ___	30개 중 ___개 암기!	
DAY 3	___ / ___	30개 중 ___개 암기!	
DAY 4	___ / ___	30개 중 ___개 암기!	
DAY 5	___ / ___	30개 중 ___개 암기!	
DAY 6	___ / ___	30개 중 ___개 암기!	

✎ 단어의 읽는 법과 의미를 써 봅시다.

단 어			단 어		
☐ 相手	읽는법		☐ 星	읽는법	
	의 미			의 미	
☐ 商業	읽는법		☐ 緩い	읽는법	
	의 미			의 미	
☐ 商品	읽는법		☐ 性格	읽는법	
	의 미			의 미	
☐ 命令	읽는법		☐ 成績	읽는법	
	의 미			의 미	
☐ 生きる	읽는법		☐ 貿易	읽는법	
	의 미			의 미	
☐ 生まれる	읽는법		☐ 細い	읽는법	
	의 미			의 미	
☐ 生産	읽는법		☐ 余る	읽는법	
	의 미			의 미	
☐ 暑い	읽는법		☐ 歩道	읽는법	
	의 미			의 미	
☐ 建築	읽는법		☐ 細かい	읽는법	
	의 미			의 미	
☐ 夕食	읽는법		☐ 世界	읽는법	
	의 미			의 미	
☐ 選ぶ	읽는법		☐ 税金	읽는법	
	의 미			의 미	
☐ 選手	읽는법		☐ 人数	읽는법	
	의 미			의 미	
☐ 宣伝	읽는법		☐ 笑う	읽는법	
	의 미			의 미	
☐ 中間	읽는법		☐ 消える	읽는법	
	의 미			의 미	
☐ 説明	읽는법		☐ 咲く	읽는법	
	의 미			의 미	

✏️ 단어의 읽는 법과 의미를 써 봅시다.

단 어			단 어		
☐ 焼く	읽는법 의 미		☐ 手術	읽는법 의 미	
☐ 留学	읽는법 의 미		☐ 授業	읽는법 의 미	
☐ 少し	읽는법 의 미		☐ 収入	읽는법 의 미	
☐ 紹介	읽는법 의 미		☐ 修正	읽는법 의 미	
☐ 消費	읽는법 의 미		☐ 輸出	읽는법 의 미	
☐ 規則	읽는법 의 미		☐ 縮小	읽는법 의 미	
☐ 続ける	읽는법 의 미		☐ 順調	읽는법 의 미	
☐ 送信	읽는법 의 미		☐ 拾う	읽는법 의 미	
☐ 首	읽는법 의 미		☐ 親しい	읽는법 의 미	
☐ 数える	읽는법 의 미		☐ 気付く	읽는법 의 미	
☐ 受かる	읽는법 의 미		☐ 詳しい	읽는법 의 미	
☐ 守る	읽는법 의 미		☐ 勝つ	읽는법 의 미	
☐ 近道	읽는법 의 미		☐ 乗り換える	읽는법 의 미	
☐ 首都	읽는법 의 미		☐ 乗車	읽는법 의 미	
☐ 受付	읽는법 의 미		☐ 示す	읽는법 의 미	

✐ 단어의 읽는 법과 의미를 써 봅시다.

단 어			단 어	
□ 試す	읽는법 / 의 미		□ 室内	읽는법 / 의 미
□ 試食	읽는법 / 의 미		□ 失礼	읽는법 / 의 미
□ 試験	읽는법 / 의 미		□ 失業	읽는법 / 의 미
□ 植える	읽는법 / 의 미		□ 失敗	읽는법 / 의 미
□ 食器	읽는법 / 의 미		□ 心配	읽는법 / 의 미
□ 文句	읽는법 / 의 미		□ 十分	읽는법 / 의 미
□ 郵便	읽는법 / 의 미		□ 悪い	읽는법 / 의 미
□ 上達	읽는법 / 의 미		□ 楽しい	읽는법 / 의 미
□ 換える	읽는법 / 의 미		□ 顔	읽는법 / 의 미
□ 申し込み	읽는법 / 의 미		□ 眼鏡	읽는법 / 의 미
□ 関心	읽는법 / 의 미		□ 安全	읽는법 / 의 미
□ 身長	읽는법 / 의 미		□ 暗い	읽는법 / 의 미
□ 慎重	읽는법 / 의 미		□ 押す	읽는법 / 의 미
□ 申請	읽는법 / 의 미		□ 夜中	읽는법 / 의 미
□ 失う	읽는법 / 의 미		□ 若い	읽는법 / 의 미

✎ 단어의 읽는 법과 의미를 써 봅시다.

단 어		
☐ 洋服	읽는법	
	의 미	
☐ 様子	읽는법	
	의 미	
☐ 涙	읽는법	
	의 미	
☐ 言葉	읽는법	
	의 미	
☐ 厳しい	읽는법	
	의 미	
☐ 予防	읽는법	
	의 미	
☐ 予報	읽는법	
	의 미	
☐ 分野	읽는법	
	의 미	
☐ 報告	읽는법	
	의 미	
☐ 迷惑	읽는법	
	의 미	
☐ 易しい	읽는법	
	의 미	
☐ 役立つ	읽는법	
	의 미	
☐ 燃える	읽는법	
	의 미	
☐ 延ばす	읽는법	
	의 미	
☐ 研究室	읽는법	
	의 미	

단 어		
☐ 延期	읽는법	
	의 미	
☐ 確か	읽는법	
	의 미	
☐ 燃焼	읽는법	
	의 미	
☐ 演奏	읽는법	
	의 미	
☐ 熱	읽는법	
	의 미	
☐ 葉	읽는법	
	의 미	
☐ 葉書	읽는법	
	의 미	
☐ 出身	읽는법	
	의 미	
☐ 営業	읽는법	
	의 미	
☐ 影響	읽는법	
	의 미	
☐ 映画	읽는법	
	의 미	
☐ 預かる	읽는법	
	의 미	
☐ 汚い	읽는법	
	의 미	
☐ 区別	읽는법	
	의 미	
☐ 汚れる	읽는법	
	의 미	

✐ 단어의 읽는 법과 의미를 써 봅시다.

단 어		
☐ 屋根	읽는법	
	의 미	
☐ 温暖化	읽는법	
	의 미	
☐ 温度	읽는법	
	의 미	
☐ 温泉	읽는법	
	의 미	
☐ 腕	읽는법	
	의 미	
☐ 外	읽는법	
	의 미	
☐ 外科	읽는법	
	의 미	
☐ 外食	읽는법	
	의 미	
☐ 内側	읽는법	
	의 미	
☐ 腰	읽는법	
	의 미	
☐ 要求	읽는법	
	의 미	
☐ 溶ける	읽는법	
	의 미	
☐ 容器	읽는법	
	의 미	
☐ 用意	읽는법	
	의 미	
☐ 優勝	읽는법	
	의 미	

단 어		
☐ 運転	읽는법	
	의 미	
☐ 運行	읽는법	
	의 미	
☐ 用事	읽는법	
	의 미	
☐ 原料	읽는법	
	의 미	
☐ 原因	읽는법	
	의 미	
☐ 偉い	읽는법	
	의 미	
☐ 危ない	읽는법	
	의 미	
☐ 慰める	읽는법	
	의 미	
☐ 位置	읽는법	
	의 미	
☐ 偶然	읽는법	
	의 미	
☐ 誘う	읽는법	
	의 미	
☐ 丘	읽는법	
	의 미	
☐ 有料	읽는법	
	의 미	
☐ 育てる	읽는법	
	의 미	
☐ 応募	읽는법	
	의 미	

✎ 단어의 읽는 법과 의미를 써 봅시다.

단 어			단 어	
☐ 制限	읽는법		☐ 材料	읽는법
	의 미			의 미
☐ 疑う	읽는법		☐ 貯める	읽는법
	의 미			의 미
☐ 冗談	읽는법		☐ 積極的	읽는법
	의 미			의 미
☐ 意識	읽는법		☐ 伝える	읽는법
	의 미			의 미
☐ 衣装	읽는법		☐ 転ぶ	읽는법
	의 미			의 미
☐ 移動	읽는법		☐ 伝言	읽는법
	의 미			의 미
☐ 以外	읽는법		☐ 伝統	읽는법
	의 미			의 미
☐ 印象	읽는법		☐ 自慢	읽는법
	의 미			의 미
☐ 印刷	읽는법		☐ 折れる	읽는법
	의 미			의 미
☐ 日記	읽는법		☐ 過去	읽는법
	의 미			의 미
☐ 姿勢	읽는법		☐ 節約	읽는법
	의 미			의 미
☐ 資源	읽는법		☐ 庭	읽는법
	의 미			의 미
☐ 残念	읽는법		☐ 丁寧	읽는법
	의 미			의 미
☐ 将来	읽는법		☐ 整理	읽는법
	의 미			의 미
☐ 丈夫	읽는법		☐ 情報	읽는법
	의 미			의 미

✎ 실제 시험유형과 비슷한 문제를 통해 복습해 봅시다.

１ ____의 단어의 읽는 법으로 가장 적당한 것을 ①, ②, ③, ④에서 하나 고르세요.

1) 日本の首都は東京であることを知っていますか。

일본의 수도는 도쿄란 것을 알고 있습니까?

① しゅとう   ② しゅうと   ③ しゅと   ④ しゅうとう

2) 部長は私を疑っているようだ。 부장님은 나를 의심하고 있는 것 같다.

① しかって   ② こわがって   ③ きらって   ④ うたがって

3) 掃除をしたと言ったが、まだ汚い。 청소를 했다고 했는데 아직 더럽다.

① せまい   ② くさい   ③ きたない   ④ うるさい

２ ____의 단어를 한자로 쓸 때 가장 적당한 것을 ①, ②, ③, ④에서 하나 고르세요.

1) 息子を実家にあずけて出かけた。 아들을 본가에 맡기고 외출했다.

① 預けて   ② 借けて   ③ 替けて   ④ 貯けて

2) もうすぐ試験のせいせきが出ます。 이제 곧 시험 성적이 나옵니다.

① 成席   ② 成績   ③ 成籍   ④ 成積

3) 本の字がこまかくてよく読めない。 책의 글씨가 작아서 잘 읽을 수 없다.

① 短かくて   ② 角かくて   ③ 丸かくて   ④ 細かくて

3 ( )에 들어갈 것으로 가장 적당한 것을 ①, ②, ③, ④에서 하나 고르세요.

1) 台風の( )を受けて、飛行機が遅れている。

태풍의 영향을 받아 비행기가 늦어지고 있다.

① 文句　　　　② 報告　　　　③ 影響　　　　④ 区別

2) 新しい企画のことなら、私より石田さんのほうが( )知っています。

새로운 기획 건이라면 저보다 이시다 씨 쪽이 상세히 알고 있습니다.

① 楽しく　　　② 親しく　　　③ 厳しく　　　④ 詳しく

3) 春になると、全国の公園には桜が( )ます。

봄이 되면 전국의 공원에는 벚꽃이 핍니다.

① 咲き　　　　② 焼き　　　　③ 守き　　　　④ 笑き

4) 強い風のせいで、庭の木の枝が( )しまった。

강한 바람 때문에 정원의 나뭇가지가 부러져 버렸다.

① 折れて　　　② 伝えて　　　③ 汚れて　　　④ 燃えて

정답

1 1) ③ 2) ④ 3) ③

2 1) ① 2) ② 3) ④

3 1) ③ 2) ④ 3) ① 4) ①

WEEK 04

4 주째

やった！
合格だ!!

DAY 1

1회 2회 3회

💡 단어의 읽는 법과 의미를 외워 봅시다. 🔊 MP3 1-4-1

단 어	읽는법	의 미
01 正確	せいかく	정확(+だ 하다/+な 한)
02 除く	のぞく	제거하다, 제외하다
03 平均 ⑰	へいきん	평균
04 制服 ⑱㉓	せいふく	제복, 교복
05 助ける ⑲	たすける	도와주다, 구조하다
06 希望 ⑲	きぼう	희망
07 組む	くむ	(팔짱, 깍지) 끼다, (일정, 예산) 짜다
08 繰り返す	くりかえす	반복하다
09 意志 ⑫㉑	いし	의지
10 尊敬	そんけい	존경

💡 단어의 읽는 법과 의미를 외워 봅시다.

단 어	읽는법	의 미
11 **存在**	そんざい	존재
12 **尊重** ⑫⑱	そんちょう	존중
13 **卒業**	そつぎょう	졸업
14 **満足**	まんぞく	만족(+な 한/+に 하게)
15 **従う**	したがう	따르다
16 **終わる** ⑩⑰⑲	おわる	끝나다
17 **種類** ⑳	しゅるい	종류
18 **埋める** ⑱	うめる	묻다, 메우다
19 **禁止**	きんし	금지
20 **突然** ⑲	とつぜん	돌연, 갑자기

💡 단어의 읽는 법과 의미를 외워 봅시다.

단 어	읽는법	의 미
21 住宅	じゅうたく	주택
22 昼食 ⑲	ちゅうしょく	중식, 점심 식사
23 主要 ⑰	しゅよう	주요
24 周囲	しゅうい	주위
25 横断	おうだん	횡단
26 注意	ちゅうい	주의
27 主張 ⑪	しゅちょう	주장
28 駐車 ㉑	ちゅうしゃ	주차
29 準備	じゅんび	준비
30 重なる	かさなる	거듭되다, 겹치다

DAY 2

1회 2회 3회

💡 단어의 읽는 법과 의미를 외워 봅시다.

🔊 MP3 1-4-2

단 어	읽는법	의 미
01 **重ねる** ⑬⑱㉑	かさねる	거듭하다, 포개다, 쌓아 올리다
02 **仲間**	なかま	동료, 친구
03 **退屈**	たいくつ	지겨움, 따분함 (+だ 하다/+な 한)
04 **中身**	なかみ	내용물, 실속
05 **重要**	じゅうよう	중요(+だ 하다/+な 한)
06 **中止**	ちゅうし	중지
07 **増える**	ふえる	늘어나다, 증가하다
08 **増加**	ぞうか	증가
09 **喋る**	しゃべる	수다떨다
10 **枝**	えだ	가지, 갈래

96 N3

💡 단어의 읽는 법과 의미를 외워 봅시다.

단 어	읽는법	의 미
11 池	いけ	연못
12 遅い ⑬⑲	おそい	늦다, 느리다
13 止まる	とまる	멈추다, 멎다
14 遅れる ⑪	おくれる	늦다, 더디다
15 遅刻	ちこく	지각
16 地球 ⑪	ちきゅう	지구
17 指導	しどう	지도
18 地面	じめん	지면, 땅바닥
19 地味	じみ	수수함, 검소함 (+だ 하다/+な 한)
20 指示 ⑪	しじ	지시

💡 단어의 읽는 법과 의미를 외워 봅시다.

단 어	읽는법	의 미
21 知識	ちしき	지식
22 地域	ちいき	지역
23 遅延	ちえん	지연
24 知人	ちじん	지인, 아는 사람
25 指定	してい	지정
26 支持	しじ	지지
27 支出	ししゅつ	지출
28 直す	なおす	고치다, 바로잡다
29 職業	しょくぎょう	직업
30 直接	ちょくせつ	직접

DAY 3

1회 2회 3회

💡 단어의 읽는 법과 의미를 외워 봅시다.

🔊 MP3 1-4-3

단 어	읽는법	의 미
01 清潔 ⑪⑮⑲	せいけつ	청결(+な 한/+に 하게)
02 畳む ⑬	たたむ	개다, 접다
03 電球	でんきゅう	전구
04 天然	てんねん	천연
05 浅い ⑲	あさい	얕다, 얇다
06 処理	しょり	처리
07 凄い	すごい	굉장하다, 대단하다
08 責任	せきにん	책임
09 窓口	まどぐち	창구
10 窓	まど	창문

4주째 **99**

💡 단어의 읽는 법과 의미를 외워 봅시다.

단 어	읽는법	의 미
11 参考書	さんこうしょ	참고서
12 文章	ぶんしょう	문장, 글
13 賛成	さんせい	찬성
14 着く	つく	도착하다, 닿다
15 借金	しゃっきん	빚, 돈을 꿈
16 次	つぎ	다음
17 集合 ㉑	しゅうごう	집합
18 集団	しゅうだん	집단
19 微妙	びみょう	미묘(+な 한/+に 하게)
20 立派 ⑩	りっぱ	훌륭함 (+だ 하다/+な 한)

💡 단어의 읽는 법과 의미를 외워 봅시다.

단 어	읽는법	의 미
21 進歩 ㉓	しんぽ	진보
22 診断	しんだん	진단
23 真剣	しんけん	심각함, 진지함 (+だ 하다/+な 한)
24 進む	すすむ	나아가다, 진행하다, 나아지다
25 沈む	しずむ	가라앉다, 잠기다
26 ごろごろ		데굴데굴 구르는 모양, 빈둥거리는 모양
27 危険	きけん	위험(+だ 하다/+な 한)
28 ぐっすり		푹 잠든 모양 (+寝る/眠る 자다)
29 臭い	くさい	고약한 냄새가 나다
30 変 ⑲	へん	이상함 (+だ 하다/+な 한)

DAY 4

1회 2회 3회

💡 단어의 읽는 법과 의미를 외워 봅시다.

🔊 MP3 1-4-4

단 어	읽는법	의 미
01 **がらがら**		텅 빈 모양
02 **がっかり**		실망하는 모양
03 **発音**	はつおん	발음
04 **平素**	へいそ	평소
05 **輝く**	かがやく	눈부시게 빛나다, 반짝이다
06 **うろうろ** ⑲		우왕좌왕하는 모양
07 **うっかり** ⑩⑯⑱㉓		무심코
08 **いよいよ**		드디어
09 **珍しい**	めずらしい	드물다, 희안하다
10 **採集**	さいしゅう	채집

💡 단어의 읽는 법과 의미를 외워 봅시다.

단 어	읽는법	의 미
11 代表 ⑮	だいひょう	대표
12 専攻	せんこう	전공
13 収集	しゅうしゅう	수집
14 登場 ⑳	とうじょう	등장
15 側面	そくめん	측면
16 特色	とくしょく	특색
17 通勤 ⑩	つうきん	통근
18 渋滞 ⑬㉑㉓	じゅうたい	정체, 밀림
19 外出	がいしゅつ	외출
20 書類	しょるい	서류

💡 단어의 읽는 법과 의미를 외워 봅시다.

단 어	읽는법	의 미
21 お寺	おてら	절
22 打つ	うつ	치다, 때리다
23 季節	きせつ	계절
24 契約	けいやく	계약
25 調節	ちょうせつ	조절
26 煮る	にる	익히다, 조리다, 삶다
27 秒 ㉑	びょう	초(시간 단위)
28 違う	ちがう	다르다, 틀리다
29 断る ⑯	ことわる	거절하다
30 床	ゆか	마루, 바닥

💡 단어의 읽는 법과 의미를 외워 봅시다.

🔊 MP3 1-4-5

단 어	읽는법	의 미
01 大会 ⑭	たいかい	대회
02 途中	とちゅう	도중
03 完成 ⑫	かんせい	완성
04 発展 ⑭⑱	はってん	발전
05 怪しい	あやしい	수상하다, 의심스럽다
06 手伝う	てつだう	돕다
07 感激	かんげき	감격
08 取り入れる	とりいれる	도입하다, 안에 넣다
09 観客	かんきゃく	관객
10 飾る	かざる	장식하다, 치장하다

💡 단어의 읽는 법과 의미를 외워 봅시다.

단 어	읽는법	의 미
11 港	みなと	항구
12 欲しい	ほしい	갖고 싶다, 원하다
13 面接	めんせつ	면접
14 順番 ⑮	じゅんばん	순번, 차례
15 ふらふら ⑳		흔들리는 모양, 머리가 도는 모양
16 派手	はで	화려함 (+だ 하다/+な 한)
17 盛ん ⑱㉒	さかん	왕성함, 번성함 (+だ 하다/+な 한)
18 負ける	まける	지다, (값) 깎아 주다
19 触る ㉑	さわる	만지다, 관여하다, (기분) 상하게 하다
20 触れる	ふれる	접하다, 닿다

💡 단어의 읽는 법과 의미를 외워 봅시다.

단 어	읽는법	의 미
21 撫でる	なでる	쓰다듬다, 어루만지다, 귀여워하다
22 単純	たんじゅん	단순(+な 한/+に 하게)
23 身近	みぢか	신변, 가까운 곳
24 素晴らしい	すばらしい	훌륭하다
25 技術	ぎじゅつ	기술
26 組み立てる	くみたてる	조립하다, 구성하다
27 笑顔	えがお	웃는 얼굴
28 往復	おうふく	왕복
29 晴れる	はれる	(날씨) 맑다, 개다
30 覚える ⑭	おぼえる	외우다, 기억하다, 익히다

💡 단어의 읽는 법과 의미를 외워 봅시다.

🔊 MP3 1-4-6

단 어	읽는법	의 미
01 過ごす	すごす	(시간) 보내다, 지내다
02 専門家	せんもんか	전문가
03 進学	しんがく	진학
04 取り出す	とりだす	꺼내다, 추려 내다
05 形	かたち	모양, 형태
06 箱	はこ	상자
07 ぴったり ⑳		(사이즈, 디자인, 색) 딱 맞음
08 帰国	きこく	귀국
09 自宅	じたく	자택
10 温める ⑫	あたためる	데우다

💡 단어의 읽는 법과 의미를 외워 봅시다.

단 어	읽는법	의 미
11 掃除	そうじ	청소
12 翌日 ㉑	よくじつ	익일, 다음 날
13 秘密 ⑲	ひみつ	비밀(=内緒^{ないしょ})
14 走る ⑱	はしる	달리다
15 苦手	にがて	서투름 (+だ 하다/+な 한)
16 便利	べんり	편리(+だ 하다/+な 한)
17 光	ひかり	빛
18 普通 ⑲	ふつう	보통
19 実験	じっけん	실험
20 録音	ろくおん	녹음

💡 단어의 읽는 법과 의미를 외워 봅시다.

단 어	읽는법	의 미
21 翻訳 ⑫	ほんやく	번역
22 訓練 ㉑	くんれん	훈련
23 正解 ⑮	せいかい	정답
24 衣服	いふく	의복, 옷
25 割引 ⑳	わりびき	할인
26 欠席 ⑭	けっせき	결석
27 以降 ⑳	いこう	이후
28 眠る	ねむる	자다, 잠들다
29 眠い	ねむい	졸리다
30 通知 ⑬㉑	つうち	통지

실력체크

💡 한 주 동안 외운 단어를 점검해 봅시다.

WEEK 04	학습 날짜	달성 목표	다시 한번 확인해야 하는 단어
DAY 1	___ / ___	30개 중 ___개 암기!	
DAY 2	___ / ___	30개 중 ___개 암기!	
DAY 3	___ / ___	30개 중 ___개 암기!	
DAY 4	___ / ___	30개 중 ___개 암기!	
DAY 5	___ / ___	30개 중 ___개 암기!	
DAY 6	___ / ___	30개 중 ___개 암기!	

✐ 단어의 읽는 법과 **의미**를 써 봅시다.

단 어		단 어	
☐ 正確	읽는법 의 미	☐ 終わる	읽는법 의 미
☐ 除く	읽는법 의 미	☐ 種類	읽는법 의 미
☐ 平均	읽는법 의 미	☐ 埋める	읽는법 의 미
☐ 制服	읽는법 의 미	☐ 禁止	읽는법 의 미
☐ 助ける	읽는법 의 미	☐ 突然	읽는법 의 미
☐ 希望	읽는법 의 미	☐ 住宅	읽는법 의 미
☐ 組む	읽는법 의 미	☐ 昼食	읽는법 의 미
☐ 繰り返す	읽는법 의 미	☐ 主要	읽는법 의 미
☐ 意志	읽는법 의 미	☐ 周囲	읽는법 의 미
☐ 尊敬	읽는법 의 미	☐ 横断	읽는법 의 미
☐ 存在	읽는법 의 미	☐ 注意	읽는법 의 미
☐ 尊重	읽는법 의 미	☐ 主張	읽는법 의 미
☐ 卒業	읽는법 의 미	☐ 駐車	읽는법 의 미
☐ 満足	읽는법 의 미	☐ 準備	읽는법 의 미
☐ 従う	읽는법 의 미	☐ 重なる	읽는법 의 미

✎ 단어의 읽는 법과 **의미**를 써 봅시다.

단 어			단 어		
☐ 重ねる	읽는법		☐ 地球	읽는법	
	의 미			의 미	
☐ 仲間	읽는법		☐ 指導	읽는법	
	의 미			의 미	
☐ 退屈	읽는법		☐ 地面	읽는법	
	의 미			의 미	
☐ 中身	읽는법		☐ 地味	읽는법	
	의 미			의 미	
☐ 重要	읽는법		☐ 指示	읽는법	
	의 미			의 미	
☐ 中止	읽는법		☐ 知識	읽는법	
	의 미			의 미	
☐ 増える	읽는법		☐ 地域	읽는법	
	의 미			의 미	
☐ 増加	읽는법		☐ 遅延	읽는법	
	의 미			의 미	
☐ 喋る	읽는법		☐ 知人	읽는법	
	의 미			의 미	
☐ 枝	읽는법		☐ 指定	읽는법	
	의 미			의 미	
☐ 池	읽는법		☐ 支持	읽는법	
	의 미			의 미	
☐ 遅い	읽는법		☐ 支出	읽는법	
	의 미			의 미	
☐ 止まる	읽는법		☐ 直す	읽는법	
	의 미			의 미	
☐ 遅れる	읽는법		☐ 職業	읽는법	
	의 미			의 미	
☐ 遅刻	읽는법		☐ 直接	읽는법	
	의 미			의 미	

✎ 단어의 읽는 법과 의미를 써 봅시다.

단 어		단 어	
☐ 清潔	읽는법 의 미	☐ 次	읽는법 의 미
☐ 畳む	읽는법 의 미	☐ 集合	읽는법 의 미
☐ 電球	읽는법 의 미	☐ 集団	읽는법 의 미
☐ 天然	읽는법 의 미	☐ 微妙	읽는법 의 미
☐ 浅い	읽는법 의 미	☐ 立派	읽는법 의 미
☐ 処理	읽는법 의 미	☐ 進歩	읽는법 의 미
☐ 凄い	읽는법 의 미	☐ 診断	읽는법 의 미
☐ 責任	읽는법 의 미	☐ 真剣	읽는법 의 미
☐ 窓口	읽는법 의 미	☐ 進む	읽는법 의 미
☐ 窓	읽는법 의 미	☐ 沈む	읽는법 의 미
☐ 参考書	읽는법 의 미	☐ ごろごろ	읽는법 의 미
☐ 文章	읽는법 의 미	☐ 危険	읽는법 의 미
☐ 賛成	읽는법 의 미	☐ ぐっすり	읽는법 의 미
☐ 着く	읽는법 의 미	☐ 臭い	읽는법 의 미
☐ 借金	읽는법 의 미	☐ 変	읽는법 의 미

✎ 단어의 읽는 법과 의미를 써 봅시다.

단 어			단 어		
□ がらがら	읽는법		□ 特色	읽는법	
	의 미			의 미	
□ がっかり	읽는법		□ 通勤	읽는법	
	의 미			의 미	
□ 発音	읽는법		□ 渋滞	읽는법	
	의 미			의 미	
□ 平素	읽는법		□ 外出	읽는법	
	의 미			의 미	
□ 輝く	읽는법		□ 書類	읽는법	
	의 미			의 미	
□ うろうろ	읽는법		□ お寺	읽는법	
	의 미			의 미	
□ うっかり	읽는법		□ 打つ	읽는법	
	의 미			의 미	
□ いよいよ	읽는법		□ 季節	읽는법	
	의 미			의 미	
□ 珍しい	읽는법		□ 契約	읽는법	
	의 미			의 미	
□ 採集	읽는법		□ 調節	읽는법	
	의 미			의 미	
□ 代表	읽는법		□ 煮る	읽는법	
	의 미			의 미	
□ 専攻	읽는법		□ 秒	읽는법	
	의 미			의 미	
□ 収集	읽는법		□ 違う	읽는법	
	의 미			의 미	
□ 登場	읽는법		□ 断る	읽는법	
	의 미			의 미	
□ 側面	읽는법		□ 床	읽는법	
	의 미			의 미	

✎ 단어의 읽는 법과 의미를 써 봅시다.

단 어		단 어	
☐ 大会	읽는법 의 미	☐ 派手	읽는법 의 미
☐ 途中	읽는법 의 미	☐ 盛ん	읽는법 의 미
☐ 完成	읽는법 의 미	☐ 負ける	읽는법 의 미
☐ 発展	읽는법 의 미	☐ 触る	읽는법 의 미
☐ 怪しい	읽는법 의 미	☐ 触れる	읽는법 의 미
☐ 手伝う	읽는법 의 미	☐ 撫でる	읽는법 의 미
☐ 感激	읽는법 의 미	☐ 単純	읽는법 의 미
☐ 取り入れる	읽는법 의 미	☐ 身近	읽는법 의 미
☐ 観客	읽는법 의 미	☐ 素晴らしい	읽는법 의 미
☐ 飾る	읽는법 의 미	☐ 技術	읽는법 의 미
☐ 港	읽는법 의 미	☐ 組み立てる	읽는법 의 미
☐ 欲しい	읽는법 의 미	☐ 笑顔	읽는법 의 미
☐ 面接	읽는법 의 미	☐ 往復	읽는법 의 미
☐ 順番	읽는법 의 미	☐ 晴れる	읽는법 의 미
☐ ふらふら	읽는법 의 미	☐ 覚える	읽는법 의 미

✎ 단어의 읽는 법과 의미를 써 봅시다.

단 어		단 어	
過ごす	읽는법 ⬚ 의 미 ⬚	便利	읽는법 ⬚ 의 미 ⬚
専門家	읽는법 ⬚ 의 미 ⬚	光	읽는법 ⬚ 의 미 ⬚
進学	읽는법 ⬚ 의 미 ⬚	普通	읽는법 ⬚ 의 미 ⬚
取り出す	읽는법 ⬚ 의 미 ⬚	実験	읽는법 ⬚ 의 미 ⬚
形	읽는법 ⬚ 의 미 ⬚	録音	읽는법 ⬚ 의 미 ⬚
箱	읽는법 ⬚ 의 미 ⬚	翻訳	읽는법 ⬚ 의 미 ⬚
ぴったり	읽는법 ⬚ 의 미 ⬚	訓練	읽는법 ⬚ 의 미 ⬚
帰国	읽는법 ⬚ 의 미 ⬚	正解	읽는법 ⬚ 의 미 ⬚
自宅	읽는법 ⬚ 의 미 ⬚	衣服	읽는법 ⬚ 의 미 ⬚
温める	읽는법 ⬚ 의 미 ⬚	割引	읽는법 ⬚ 의 미 ⬚
掃除	읽는법 ⬚ 의 미 ⬚	欠席	읽는법 ⬚ 의 미 ⬚
翌日	읽는법 ⬚ 의 미 ⬚	以降	읽는법 ⬚ 의 미 ⬚
秘密	읽는법 ⬚ 의 미 ⬚	眠る	읽는법 ⬚ 의 미 ⬚
走る	읽는법 ⬚ 의 미 ⬚	眠い	읽는법 ⬚ 의 미 ⬚
苦手	읽는법 ⬚ 의 미 ⬚	通知	읽는법 ⬚ 의 미 ⬚

실전 JLPT 도전

✎ 실제 시험유형과 비슷한 문제를 통해 복습해 봅시다.

1 ＿＿의 단어의 읽는 법으로 가장 적당한 것을 ①, ②, ③, ④에서 하나 고르세요.

1) 部屋をきれいに掃除してほしいです。 방을 깨끗이 청소해 줬으면 좋겠습니다.

　① しょうじ　　② しょうじょ　　③ そうじ　　④ そうじょ

2) レベルテストの結果は、今日中に通知します。

레벨 테스트 결과는 오늘 중으로 통지합니다.

　① つうち　　② とおち　　③ つうし　　④ とおし

3) 道路を横断するときは気を付けなければいけません。

도로를 횡단할 때는 주의하지 않으면 안 됩니다.

　① よこたん　　② よこだん　　③ おうたん　　④ おうだん

2 ＿＿의 단어를 한자로 쓸 때 가장 적당한 것을 ①, ②, ③, ④에서 하나 고르세요.

1) 彼女は腕をくんで犬を見ていた。 그녀는 팔짱을 끼고 개를 보고 있었다.

　① 組んで　　② 接んで　　③ 折んで　　④ 結んで

2) コンビニ弁当をあたためて食べました。

편의점 도시락을 데워서 먹었습니다.

　① 湯めて　　② 温めて　　③ 熟めて　　④ 熱めて

3) 赤ちゃんが母親に抱かれてねむっています。

아기가 어머니에게 안겨 자고 있습니다.

　① 寝って　　② 宿って　　③ 溶って　　④ 眠って

3 ( )에 들어갈 것으로 가장 적당한 것을 ①, ②, ③, ④에서 하나 고르세요.

1) 大きい事故だったけど、足を動く( )をきちんとしたおかげか、
すぐ歩けるようになった。

큰 사고였지만 발을 움직이는 훈련을 제대로 한 덕분인지 바로 걸을 수 있게 되었다.

① 割引   ② 訓練   ③ 録音   ④ 実験

2) この容器は深すぎて、これよりもっと( )のはありませんか。

이 용기는 너무 깊어서, 이것보다 좀 더 얕은 것은 없습니까?

① 眠い   ② すごい   ③ 浅い   ④ 遅い

3) 薬の効きすぎのせいか、今朝から頭が( )している。

약이 너무 잘 들은 탓인지 오늘 아침부터 머리가 빙빙 돈다.

① うろうろ   ② ふらふら   ③ がらがら   ④ ごろごろ

4) 会社で何かあったのか、さっきから弟の様子が( )。

회사에서 무슨 일이 있었는지 아까부터 남동생의 상태가 이상하다.

① 変だ   ② 派手だ   ③ 盛んだ   ④ 苦手だ

정답

1 1) ③ 2) ① 3) ④
2 1) ① 2) ② 3) ④
3 1) ② 2) ③ 3) ② 4) ①

진짜 한 권으로 끝내는

나루미 · 시원스쿨어학연구소 지음

JLPT 기출단어장

N2

S 시원스쿨닷컴

1 주 째

💡 단어의 읽는 법과 의미를 외워 봅시다.　🔊 MP3 2-1-1

단 어	읽는법	의 미
01 いずれにしても		어찌 되었든 간에
02 いっぺんに		한꺼번에, 동시에
03 打ち明ける ⑳	うちあける	(비밀, 고민) 털어놓다
04 改めて ⑬	あらためて	다시, 새삼스럽게
05 添付 ㉑	てんぷ	첨부
06 却下	きゃっか	각하, 기각
07 見落とす	みおとす	간과하다, 못보고 넘어가다
08 簡潔 ⑯	かんけつ	간결(+な 한/+に 하게)
09 間近	まぢか	(시간, 거리) 아주 가까움 (+な 한/+に 하게)
10 簡略	かんりゃく	간략(+な 한/+に 하게)

💡 단어의 읽는 법과 의미를 외워 봅시다.

단 어	읽는법	의 미
11 肝心	かんじん	가장 중요함 (+だ 하다/+な 한)
12 甘やかす ⑮	あまやかす	응석을 받아주다
13 減る	へる	줄다
14 勘違い	かんちがい	착각
15 鍛える	きたえる	단련하다, 훈련하다
16 講義 ⑬	こうぎ	강의
17 強引に	ごういんに	강제로, 억지로
18 開幕	かいまく	개막
19 開放	かいほう	개방
20 快適	かいてき	쾌적(+だ 하다/+な 한)

💡 단어의 읽는 법과 의미를 외워 봅시다.

단 어	읽는법	의 미
21 改善	かいぜん	개선
22 開催	かいさい	개최
23 介護 ㉑	かいご	개호, 간호
24 乾く	かわく	마르다, 건조하다
25 検討	けんとう	검토
26 掲載	けいさい	게재
27 格段に	かくだんに	현격히
28 省く ⑱	はぶく	줄이다, 생략하다
29 格好 ⑬㉑	かっこう	모습, 꼴, 볼품
30 見失う	みうしなう	보던 것을 놓치다

DAY 2

1회 2회 3회

💡 단어의 읽는 법과 의미를 외워 봅시다.

🔊 MP3 2-1-2

단 어	읽는법	의 미
01 見直す	みなおす	재검토하다, 재평가하다
02 紛失	ふんしつ	분실
03 検索	けんさく	검색
04 破壊	はかい	파괴
05 蹴飛ばす	けとばす	걷어차다
06 謙遜	けんそん	겸손
07 特技	とくぎ	특기
08 敬う	うやまう	공경하다, 존경하다
09 競う ⑯㉑	きそう	경쟁하다, 겨루다
10 破片 ⑱㉑	はへん	파편

💡 단어의 읽는 법과 의미를 외워 봅시다.

단 어	읽는법	의 미
11 傾く ⑬㉑	かたむく	기울다, (사상, 마음) 치우치다
12 傾ける	かたむける	기울이다, 집중하다
13 耕す	たがやす	경작하다
14 拒否 ⑮	きょひ	거부
15 軽々と	かるがると	가뿐히, 간단히
16 警備 ⑱㉑	けいび	경비
17 傾斜	けいしゃ	경사, 기욺
18 驚異	きょうい	경이
19 軽率	けいそつ	경솔(+だ 하다/+な 한)
20 競争	きょうそう	경쟁

💡 단어의 읽는 법과 의미를 외워 봅시다.

단 어	읽는법	의 미
21 軽快	けいかい	경쾌(+だ하다/+な한)
22 傾向 ㉑	けいこう	경향
23 繋がる	つながる	이어지다, 연결되다, 관계가 있다
24 継ぐ	つぐ	잇다, 계승하다
25 係り	かかり	담당
26 契機 ⑰	けいき	계기
27 傑作	けっさく	걸작
28 玄人	くろうと	전문가, 숙련자
29 継続	けいぞく	계속
30 発掘	はっくつ	발굴

💡 단어의 읽는 법과 의미를 외워 봅시다.   MP3 2-1-3

단 어	읽는법	의 미
01 **かつて**		일찍이, 예전부터
02 **眺める**	ながめる	바라보다, 응시하다, 방관하다
03 **ぎりぎり** ⑰㉑		빠듯하게 한계점에 다다른 모양
04 **くっきり**		또렷이, 선명하게
05 **枯れる**	かれる	(초목) 시들다, 마르다
06 **巧妙**	こうみょう	교묘(+だ 하다/+な 한)
07 **虚栄**	きょえい	허영
08 **考慮**	こうりょ	고려
09 **苦労**	くろう	고생
10 **激励**	げきれい	격려

💡 단어의 읽는 법과 의미를 외워 봅시다.

단 어	읽는법	의 미
11 崩れる	くずれる	무너지다, 붕괴되다
12 苦情 ⑰㉒	くじょう	불평, 불만
13 迷子	まいご	미아
14 骨	ほね	뼈
15 恐ろしい	おそろしい	두렵다, 걱정스럽다
16 供給	きょうきゅう	공급
17 恐怖	きょうふ	공포
18 貢献	こうけん	공헌
19 果たす ⑬	はたす	(역할) 다하다, 달성하다
20 過ち	あやまち	실수, 잘못

💡 단어의 읽는 법과 의미를 외워 봅시다.

단 어	읽는법	의 미
21 過剰	かじょう	과잉
22 心当たり	こころあたり	짐작 가는 곳, 짚이는 데
23 観察	かんさつ	관찰
24 為替	かわせ	외환
25 平行	へいこう	평행
26 隔離	かくり	격리
27 懸命	けんめい	힘껏 함, 열심히 함 (+な 한/+に 하게)
28 乏しい ⑫⑮㉑	とぼしい	(경험, 자원) 부족하다, 궁핍하다
29 交渉 ㉒	こうしょう	교섭
30 幅	はば	폭, 너비

💡 단어의 읽는 법과 의미를 외워 봅시다.

🔊 MP3 2-1-4

단 어	읽는법	의 미
01 **あっさり**		산뜻하게, 깨끗이
02 **ぐったり** ⑯		녹초가 되어 축 늘어진 모양
03 **砕く**	くだく	부수다, 깨뜨리다
04 **洪水**	こうずい	홍수
05 **見当** ⑬	けんとう	짐작, 예상(+付く 가다)
06 **救う** ⑰	すくう	구원하다, 살리다
07 **求める**	もとめる	구하다, 바라다, 요구하다
08 **究極**	きゅうきょく	궁극
09 **ごちゃごちゃ** ⑲		너저분하고 어수선한 모양
10 **心強い**	こころづよい	마음이 든든하다

💡 단어의 읽는 법과 의미를 외워 봅시다.

단 어	읽는법	의 미
11 賢明	けんめい	현명(+だ 하다/+な 한)
12 口実	こうじつ	구실, 변명
13 救援	きゅうえん	구원
14 諄い	くどい	장황하다, 끈덕지다
15 膨大	ぼうだい	방대(+だ 하다/+な 한)
16 定める	さだめる	정하다, 안정시키다
17 爽やか	さわやか	상쾌함, 시원함 (+だ 하다/+な 한)
18 片道	かたみち	편도
19 勧める	すすめる	권하다, 추천하다
20 勧告	かんこく	권고

💡 단어의 읽는 법과 의미를 외워 봅시다.

단 어	읽는법	의 미
21 歩む	あゆむ	걷다, 전진하다
22 軌道	きどう	궤도(+乗る 오르다)
23 帰省 ⑳	きせい	귀성
24 尽くす	つくす	다하다, 애쓰다
25 規格	きかく	규격
26 規模	きぼ	규모
27 直径	ちょっけい	직경
28 極めて	きわめて	극히, 매우
29 極端	きょくたん	극단(+な 한/+に 하게)
30 根	ね	뿌리, 근본

💡 단어의 읽는 법과 의미를 외워 봅시다.　 🔊 MP3 2-1-5

단 어	읽는법	의 미
01 細やか	ささやか	사소함, 자그마함 (+だ 하다/+な 한)
02 さらさら		습기가 없이 바슬바슬한 모양
03 気心	きごころ	속마음, 기질
04 しつこい		끈질기다, 짙다
05 近付く	ちかづく	접근하다, 다가오다
06 避難	ひなん	피난
07 根拠	こんきょ	근거
08 妥当 ㉑	だとう	타당, 적절 (+だ 하다/+な 한)
09 近々	ちかぢか	머지않아, 가까이
10 根気	こんき	끈기

💡 단어의 읽는 법과 의미를 외워 봅시다.

단 어	읽는법	의 미
11 根本	こんぽん	근본
12 扱う ⑫	あつかう	다루다, 취급하다, 담당하다
13 及ぼす	およぼす	(영향, 피해) 미치다
14 喜ぶ	よろこぶ	기뻐하다
15 誇る	ほこる	자랑하다, 뽐내다
16 機嫌 ㉓	きげん	기분, 비위 (+取る 맞추다)
17 含有	がんゆう	함유
18 賃金	ちんぎん	임금, 보수
19 気軽に ㉑	きがるに	부담없이, 선뜻
20 損害 ⑮⑳	そんがい	손해

💡 단어의 읽는 법과 의미를 외워 봅시다.

단 어	읽는법	의 미
21 好調 ⑰㉓	こうちょう	호조, 순조로움 (+だ하다/+な한)
22 強烈	きょうれつ	강렬(+だ하다/+な한)
23 合併	がっぺい	합병
24 機敏	きびん	기민(눈치가 빠르고 동작이 날쌤) (+な한/+に하게)
25 希少	きしょう	희소(매우 드묾)
26 起伏	きふく	기복
27 寄付 ⑬	きふ	기부
28 気象	きしょう	기상
29 慎む	つつしむ	삼가다, 조심하다
30 急遽	きゅうきょ	급거, 허둥지둥, 갑작스레

DAY 6

1회 2회 3회

💡 단어의 읽는 법과 의미를 외워 봅시다.

🔊 MP3 2-1-6

단 어	읽는법	의 미
01 **しばしば**		자주, 여러 번
02 **すっきり** ⑬		산뜻한 모양, 상쾌한 모양
03 **儲ける**	もうける	(돈) 벌다
04 **すらすら**		술술 진행되는 모양
05 **記憶** ㉒	きおく	기억
06 **器用**	きよう	요령있음, 재주있음 (+だ 하다/+な 한)
07 **納める** ⑯	おさめる	납입하다, 거두다, 넣다
08 **悔しい** ⑭	くやしい	분하다
09 **貫く**	つらぬく	관통하다, 관철하다
10 **努める** ⑬	つとめる	노력하다, 힘쓰다

💡 단어의 읽는 법과 의미를 외워 봅시다.

단 어	읽는법	의 미
11 逃走	とうそう	도주
12 そわそわ		(마음) 안절부절한 모양, 불안한 모양
13 ぶつぶつ		낮은 소리로 투덜거리는 모양
14 濃厚	のうこう	농후(+な 한/+に 하게)
15 含む	ふくむ	포함하다, (마음에) 품다, 함축하다
16 空しい	むなしい	허무하다, 헛되다
17 履修	りしゅう	이수
18 辿り着く	たどりつく	겨우 다다르다
19 漂う	ただよう	떠돌다, 감돌다
20 解散 ⑬	かいさん	해산

💡 단어의 읽는 법과 의미를 외워 봅시다.

단 어	읽는법	의 미
21 担う	になう	떠맡다, 짊어지다
22 躊躇う	ためらう	주저하다, 망설이다
23 丹念	たんねん	정성껏 함, 공들임 (+な 한/+に 하게)
24 排除	はいじょ	배제
25 貧乏	びんぼう	빈궁함, 가난함 (+だ 하다/+な 한)
26 引き止める ⑯	ひきとめる	말리다, 만류하다
27 多彩	たさい	다채로움 (+だ 하다/+な 한)
28 不順	ふじゅん	불순, 어긋남 (+だ 하다/+な 한)
29 解約 ⑱㉑	かいやく	해약
30 打ち合わせる ㉒	うちあわせる	사전에 논의하다, 협의하다

실력체크

💡 한 주 동안 외운 단어를 점검해 봅시다.

WEEK 01	학습 날짜	달성 목표	다시 한번 확인해야 하는 단어
DAY 1	___ / ___	30개 중 ___ 개 암기!	
DAY 2	___ / ___	30개 중 ___ 개 암기!	
DAY 3	___ / ___	30개 중 ___ 개 암기!	
DAY 4	___ / ___	30개 중 ___ 개 암기!	
DAY 5	___ / ___	30개 중 ___ 개 암기!	
DAY 6	___ / ___	30개 중 ___ 개 암기!	

単語의 읽는 법과 의미를 써 봅시다.

단 어		
□ いずれにしても	읽는법	
	의 미	
□ いっぺんに	읽는법	
	의 미	
□ 打ち明ける	읽는법	
	의 미	
□ 改めて	읽는법	
	의 미	
□ 添付	읽는법	
	의 미	
□ 却下	읽는법	
	의 미	
□ 見落とす	읽는법	
	의 미	
□ 簡潔	읽는법	
	의 미	
□ 間近	읽는법	
	의 미	
□ 簡略	읽는법	
	의 미	
□ 肝心	읽는법	
	의 미	
□ 甘やかす	읽는법	
	의 미	
□ 減る	읽는법	
	의 미	
□ 勘違い	읽는법	
	의 미	
□ 鍛える	읽는법	
	의 미	

단 어		
□ 講義	읽는법	
	의 미	
□ 強引に	읽는법	
	의 미	
□ 開幕	읽는법	
	의 미	
□ 開放	읽는법	
	의 미	
□ 快適	읽는법	
	의 미	
□ 改善	읽는법	
	의 미	
□ 開催	읽는법	
	의 미	
□ 介護	읽는법	
	의 미	
□ 乾く	읽는법	
	의 미	
□ 検討	읽는법	
	의 미	
□ 掲載	읽는법	
	의 미	
□ 格段に	읽는법	
	의 미	
□ 省く	읽는법	
	의 미	
□ 格好	읽는법	
	의 미	
□ 見失う	읽는법	
	의 미	

✎ 단어의 읽는 법과 의미를 써 봅시다.

단 어		단 어	
☐ 見直す	읽는법 의 미	☐ 警備	읽는법 의 미
☐ 紛失	읽는법 의 미	☐ 傾斜	읽는법 의 미
☐ 検索	읽는법 의 미	☐ 驚異	읽는법 의 미
☐ 破壊	읽는법 의 미	☐ 軽率	읽는법 의 미
☐ 蹴飛ばす	읽는법 의 미	☐ 競争	읽는법 의 미
☐ 謙遜	읽는법 의 미	☐ 軽快	읽는법 의 미
☐ 特技	읽는법 의 미	☐ 傾向	읽는법 의 미
☐ 敬う	읽는법 의 미	☐ 繋がる	읽는법 의 미
☐ 競う	읽는법 의 미	☐ 継ぐ	읽는법 의 미
☐ 破片	읽는법 의 미	☐ 係り	읽는법 의 미
☐ 傾く	읽는법 의 미	☐ 契機	읽는법 의 미
☐ 傾ける	읽는법 의 미	☐ 傑作	읽는법 의 미
☐ 耕す	읽는법 의 미	☐ 玄人	읽는법 의 미
☐ 拒否	읽는법 의 미	☐ 継続	읽는법 의 미
☐ 軽々と	읽는법 의 미	☐ 発掘	읽는법 의 미

✎ 단어의 읽는 법과 **의미**를 써 봅시다.

단 어		
☐ かつて	읽는법	
	의 미	
☐ 眺める	읽는법	
	의 미	
☐ ぎりぎり	읽는법	
	의 미	
☐ くっきり	읽는법	
	의 미	
☐ 枯れる	읽는법	
	의 미	
☐ 巧妙	읽는법	
	의 미	
☐ 虚栄	읽는법	
	의 미	
☐ 考慮	읽는법	
	의 미	
☐ 苦労	읽는법	
	의 미	
☐ 激励	읽는법	
	의 미	
☐ 崩れる	읽는법	
	의 미	
☐ 苦情	읽는법	
	의 미	
☐ 迷子	읽는법	
	의 미	
☐ 骨	읽는법	
	의 미	
☐ 恐ろしい	읽는법	
	의 미	

단 어		
☐ 供給	읽는법	
	의 미	
☐ 恐怖	읽는법	
	의 미	
☐ 貢献	읽는법	
	의 미	
☐ 果たす	읽는법	
	의 미	
☐ 過ち	읽는법	
	의 미	
☐ 過剰	읽는법	
	의 미	
☐ 心当たり	읽는법	
	의 미	
☐ 観察	읽는법	
	의 미	
☐ 為替	읽는법	
	의 미	
☐ 平行	읽는법	
	의 미	
☐ 隔離	읽는법	
	의 미	
☐ 懸命	읽는법	
	의 미	
☐ 乏しい	읽는법	
	의 미	
☐ 交渉	읽는법	
	의 미	
☐ 幅	읽는법	
	의 미	

단어의 읽는 법과 의미를 써 봅시다.

단 어

☐ あっさり
읽는법
의 미

☐ ぐったり
읽는법
의 미

☐ 砕く
읽는법
의 미

☐ 洪水
읽는법
의 미

☐ 見当
읽는법
의 미

☐ 救う
읽는법
의 미

☐ 求める
읽는법
의 미

☐ 究極
읽는법
의 미

☐ ごちゃごちゃ
읽는법
의 미

☐ 心強い
읽는법
의 미

☐ 賢明
읽는법
의 미

☐ 口実
읽는법
의 미

☐ 救援
읽는법
의 미

☐ 諄い
읽는법
의 미

☐ 膨大
읽는법
의 미

단 어

☐ 定める
읽는법
의 미

☐ 爽やか
읽는법
의 미

☐ 片道
읽는법
의 미

☐ 勧める
읽는법
의 미

☐ 勧告
읽는법
의 미

☐ 歩む
읽는법
의 미

☐ 軌道
읽는법
의 미

☐ 帰省
읽는법
의 미

☐ 尽くす
읽는법
의 미

☐ 規格
읽는법
의 미

☐ 規模
읽는법
의 미

☐ 直径
읽는법
의 미

☐ 極めて
읽는법
의 미

☐ 極端
읽는법
의 미

☐ 根
읽는법
의 미

✎ 단어의 읽는 법과 의미를 써 봅시다.

단 어	읽는법 / 의 미
☐ 細やか	읽는법 의 미
☐ さらさら	읽는법 의 미
☐ 気心	읽는법 의 미
☐ しつこい	읽는법 의 미
☐ 近付く	읽는법 의 미
☐ 避難	읽는법 의 미
☐ 根拠	읽는법 의 미
☐ 妥当	읽는법 의 미
☐ 近々	읽는법 의 미
☐ 根気	읽는법 의 미
☐ 根本	읽는법 의 미
☐ 扱う	읽는법 의 미
☐ 及ぼす	읽는법 의 미
☐ 喜ぶ	읽는법 의 미
☐ 誇る	읽는법 의 미

단 어	읽는법 / 의 미
☐ 機嫌	읽는법 의 미
☐ 含有	읽는법 의 미
☐ 賃金	읽는법 의 미
☐ 気軽に	읽는법 의 미
☐ 損害	읽는법 의 미
☐ 好調	읽는법 의 미
☐ 強烈	읽는법 의 미
☐ 合併	읽는법 의 미
☐ 機敏	읽는법 의 미
☐ 希少	읽는법 의 미
☐ 起伏	읽는법 의 미
☐ 寄付	읽는법 의 미
☐ 気象	읽는법 의 미
☐ 慎む	읽는법 의 미
☐ 急遽	읽는법 의 미

✎ 단어의 읽는 법과 의미를 써 봅시다.

단 어			단 어	
☐ しばしば	읽는법	☐ 空しい	읽는법
	의 미		의 미
☐ すっきり	읽는법	☐ 履修	읽는법
	의 미		의 미
☐ 儲ける	읽는법	☐ 辿り着く	읽는법
	의 미		의 미
☐ すらすら	읽는법	☐ 漂う	읽는법
	의 미		의 미
☐ 記憶	읽는법	☐ 解散	읽는법
	의 미		의 미
☐ 器用	읽는법	☐ 担う	읽는법
	의 미		의 미
☐ 納める	읽는법	☐ 躊躇う	읽는법
	의 미		의 미
☐ 悔しい	읽는법	☐ 丹念	읽는법
	의 미		의 미
☐ 貫く	읽는법	☐ 排除	읽는법
	의 미		의 미
☐ 努める	읽는법	☐ 貧乏	읽는법
	의 미		의 미
☐ 逃走	읽는법	☐ 引き止める	읽는법
	의 미		의 미
☐ そわそわ	읽는법	☐ 多彩	읽는법
	의 미		의 미
☐ ぶつぶつ	읽는법	☐ 不順	읽는법
	의 미		의 미
☐ 濃厚	읽는법	☐ 解約	읽는법
	의 미		의 미
☐ 含む	읽는법	☐ 打ち合わせる	읽는법
	의 미		의 미

✎ 실제 시험유형과 비슷한 문제를 통해 복습해 봅시다.

1 ____의 단어의 읽는 법으로 가장 적당한 것을 ①, ②, ③, ④에서 하나 고르세요.

1) 人々がより安全で快適に暮らせるようにしています。

사람들이 보다 안전하고 쾌적하게 살 수 있도록 하고 있습니다.

① けつてき　　② かいてき　　③ けつでき　　④ かいでき

2) バスの窓の外を眺めていた。 버스의 창밖을 바라보고 있었다.

① さめて　　② みとめて　　③ ほめて　　④ ながめて

3) 警備は5人ほど必要だろうと思います。

경비는 5명 정도 필요할 것이라고 생각합니다.

① げんひ　　② げんび　　③ けいひ　　④ けいび

2 ____의 단어를 한자로 쓸 때 가장 적당한 것을 ①, ②, ③, ④에서 하나 고르세요.

1) 宿泊料金には朝食代がふくまれている。 숙박 요금에는 조식비가 포함되어 있다.

① 納まれて　　② 結まれて　　③ 含まれて　　④ 加まれて

2) 割れたガラスのはへんがあります。 깨진 유리 파편이 있습니다.

① 破片　　② 被片　　③ 破辺　　④ 被辺

3) 詳しい説明をはぶきます。 자세한 설명을 생략합니다.

① 削きます　　② 除きます　　③ 省きます　　④ 外きます

③ ( )에 들어갈 것으로 가장 적당한 것을 ①, ②, ③, ④에서 하나 고르세요.

1) 役割はしっかり( )べきである。

역할은 제대로 다해야만 한다.

　① 継ぐ　　　　　② 繋がる　　　　　③ 果たす　　　　　④ 勧める

2) 面接のときは伝えたいことを選んで( )に伝えなければならない。

면접 때는 전달하고 싶은 것을 골라서 간결하게 전하지 않으면 안 된다.

　① 簡潔　　　　　② 短縮　　　　　③ 短気　　　　　④ 簡略

3) 先日、試合で負けてとても( )思いをした。

지난날 시합에서 져서 매우 분한 기분이 들었다.

　① 濃い　　　　　② しつこい　　　　③ 乏しい　　　　④ 悔しい

4) 今からでも走っていけば、時間に( )間に合うと思います。

지금부터라도 달려가면 시간에 아슬아슬하게 맞출 거라고 생각합니다.

　① うろうろ　　　　② ぎりぎり　　　③ くっきり　　　④ あっさり

2 주 째

めんどくせー。
今週はパス！

DAY 1

💡 단어의 읽는 법과 의미를 외워 봅시다. 🔊 MP3 2-2-1

단 어	읽는법	의 미
01 **宛名**	あてな	수신인명 (받는 사람 주소 및 성명)
02 **著しい** ㉑	いちじるしい	분명하다, 현저하다
03 **一瞬**	いっしゅん	일순간, 그 순간
04 **間柄**	あいだがら	사람과의 관계
05 **鈍感**	どんかん	둔감(+だ 하다/+な 한)
06 **行き違い**	ゆきちがい	엇갈림
07 **恵まれる** ⑮	めぐまれる	혜택받다, 좋은 환경에 둘러싸이다
08 **離れる** ㉒	はなれる	(멀리) 떨어지다, 벌어지다
09 **用途** ⑮	ようと	용도
10 **合間**	あいま	틈, 짬

💡 단어의 읽는 법과 의미를 외워 봅시다.

단 어	읽는법	의 미
11 目途	もくと	목적, 목표(=目処)
12 人柄	ひとがら	인품, 사람됨
13 覚悟	かくご	각오
14 恐縮	きょうしゅく	공축, 황송, 송구스러움
15 紛らわしい	まぎらわしい	혼동하기 쉽다, 헷갈리기 쉽다
16 間際	まぎわ	직전, 찰나
17 手間	てま	품, 수고(+かかる 들다)
18 問い合わせ ⑫	といあわせ	문의
19 超過	ちょうか	초과
20 満たす	みたす	가득 채우다, 충족시키다

💡 단어의 읽는 법과 의미를 외워 봅시다.

단 어	읽는법	의 미
21 **和やか**	なごやか	(기색, 공기) 부드러움, 온화함(+だ 하다/+な 한)
22 **淑やか**	しとやか	얌전함, 단아함 (+だ 하다/+な 한)
23 **繁栄**	はんえい	번영
24 **持て成す**	もてなす	대접하다, 환대하다
25 **劣化**	れっか	열화 (상태나 성능이 나빠짐)
26 **荒れる** ㉒	あれる	(날씨, 분위기) 거칠어지다, 황폐해지다
27 **惨め**	みじめ	비참함, 참혹함 (+だ 하다/+な 한)
28 **大げさ** ⑯	おおげさ	과장, 허풍 (+だ 하다/+な 한)
29 **唯一**	ゆいいつ	유일
30 **油断** ⑮⑲㉓	ゆだん	방심

DAY 2

1회 2회 3회

💡 단어의 읽는 법과 의미를 외워 봅시다.

🔊 MP3 2-2-2

단 어	읽는법	의 미
01 隙間	すきま	틈, 짬, 겨를
02 避ける	さける	피하다, 꺼리다
03 討論 ⑰	とうろん	토론
04 蓄える	たくわえる	비축하다, 기르다
05 騙す	だます	속이다, 달래다
06 縮む ⑭	ちぢむ	(크기, 길이) 줄어들다
07 つまずく ⑬		발에 걸려 넘어지다, 실패하다
08 受け継ぐ	うけつぐ	계승하다, 이어 받다
09 出迎える	でむかえる	마중 나가다
10 通りかかる	とおりかかる	우연히 지나가다

152   N2

💡 단어의 읽는 법과 의미를 외워 봅시다.

단 어	읽는법	의 미
11 摘まむ	つまむ	집다, 요약하다
12 遂げる	とげる	이루다, 성취하다
13 長引く	ながびく	오래 끌다, 지연되다
14 図る	はかる	도모하다, 꾀하다
15 等しい ⑲㉒	ひとしい	같다, 한결같다
16 痒い	かゆい	가렵다
17 追跡	ついせき	추적
18 そそっかしい ⑰		경솔하다, 덜렁덜렁하다
19 だらしない ⑲		칠칠치 못하다
20 取り戻す	とりもどす	되찾다, 회복하다

💡 단어의 읽는 법과 의미를 외워 봅시다.

단 어	읽는법	의 미
21 絞る ⑰	しぼる	쥐어짜다, (관점) 좁히다
22 気候	きこう	기후
23 一通り	ひととおり	대강, 얼추
24 徹底的に	てっていてきに	철저하게
25 叶う	かなう	희망대로 되다, (꿈) 이루어지다
26 遮る	さえぎる	차단하다, 방해하다
27 理屈	りくつ	도리, 이치, 구실, 핑계
28 人影	ひとかげ	사람의 그림자
29 負う	おう	짊어지다, 떠맡다, 힘입다
30 手頃	てごろ	(가격, 크기) 적당함 (+だ 하다/+な 한)

DAY 3 　1회 2회 3회

💡 단어의 읽는 법과 의미를 외워 봅시다.　🔊 MP3 2-2-3

단 어	읽는법	의 미
01 **大胆**	だいたん	대담(+だ하다/+な한)
02 **礼儀** ⑩	れいぎ	예의
03 **滞納**	たいのう	체납
04 **ざっと**		대충, 대강
05 **対応**	たいおう	대응
06 **大人しい**	おとなしい	얌전하다, 온순하다
07 **大雑把**	おおざっぱ	대략적임, 조잡함, 대충 (+な 한/+に 하게)
08 **待遇**	たいぐう	대우, 처우
09 **対処**	たいしょ	대처
10 **いい加減** ⑳	いいかげん	무책임함, 되는 대로 함 (+な 한/+に 하게)

💡 단어의 읽는 법과 의미를 외워 봅시다.

단 어	읽는법	의 미
11 **倒す** ⑳	たおす	쓰러뜨리다, 넘어뜨리다
12 **乱す**	みだす	어지럽히다, 혼란시키다
13 **挑む**	いどむ	도전하다, 덤비다
14 **遅らす**	おくらす	늦추다, 늦게 하다
15 **塗る**	ぬる	바르다, (죄, 책임) 덮어 씌우다
16 **収める**	おさめる	거두다, 정리해서 담다
17 **功績**	こうせき	공적
18 **潔白**	けっぱく	결백(+だ 하다/+な 한)
19 **図々しい**	ずうずうしい	뻔뻔스럽다, 넉살 좋다
20 **逃亡** ⑬	とうぼう	도망

💡 단어의 읽는 법과 의미를 외워 봅시다.

단 어	읽는법	의 미
21 徒歩	とほ	도보
22 じたばた		버둥거리며 몸부림치는 모양
23 導入 ⑭	どうにゅう	도입
24 到底	とうてい	도저히(+부정), 결국
25 占める ⑫	しめる	차지하다, 자리잡다
26 到着	とうちゃく	도착
27 逃避	とうひ	도피
28 鈍る	にぶる	둔해지다, 무뎌지다
29 明かす	あかす	밝히다, 털어놓다, 밤새우다
30 突破	とっぱ	돌파

💡 단어의 읽는 법과 의미를 외워 봅시다.

🔊 MP3 2-2-4

단 어	읽는법	의 미
01 潰れる	つぶれる	찌부러지다, 깨지다, 망가지다
02 せっせと		열심히, 부지런히
03 爽快	そうかい	상쾌(+だ하다/+な한)
04 忽ち ㉓	たちまち	홀연, 곧, 금세
05 凍る ⑰	こおる	얼다
06 大幅 ⑭	おおはば	큰 폭
07 同僚	どうりょう	동료
08 同伴	どうはん	동반
09 拡散	かくさん	확산
10 乱れる ⑰㉓	みだれる	흐트러지다, 혼란해지다

♥ 단어의 읽는 법과 의미를 외워 봅시다.

단 어	읽는법	의 미
11 巡る	めぐる	순환하다, 돌아다니다
12 冷やす	ひやす	차게 하다, 식히다
13 拡充 ⑬㉑	かくじゅう	확충
14 育児	いくじ	육아
15 交す	かわす	주고받다, 교차하다
16 頼もしい ⑯㉓	たのもしい	믿음직스럽다
17 頼る	たよる	의지하다, 믿다
18 皮膚	ひふ	피부
19 詫びる	わびる	사과하다
20 ぼつぼつ		느리게 슬슬 일을 진행하는 모양

💡 단어의 읽는 법과 의미를 외워 봅시다.

단 어	읽는법	의 미
21 満ちる	みちる	가득 차다, 충족되다
22 惹かれる	ひかれる	(마음) 끌리다
23 飽和	ほうわ	포화
24 面影	おもかげ	옛모습, 닮은 생김새
25 模範 ⑬㉓	もはん	모범
26 矛盾 ⑫	むじゅん	모순
27 幻	まぼろし	환상, 환영
28 冒険	ぼうけん	모험
29 湯気	ゆげ	김, 수증기
30 目印	めじるし	표지, 표시

💡 단어의 읽는 법과 의미를 외워 봅시다.　　🔊 MP3 2-2-5

단 어	읽는법	의 미
01 目指す	めざす	목표로 하다, 노리다
02 目標	もくひょう	목표
03 無駄に	むだに	쓸데없이, 헛되게
04 文献	ぶんけん	문헌
05 物足りない ⑬	ものたりない	어딘지 부족하다
06 敏感	びんかん	민감(+だ 하다/+な 한)
07 密接	みっせつ	밀접
08 密閉 ⑰	みっぺい	밀폐
09 迫る	せまる	닥쳐오다, 육박하다, 좁혀지다
10 端	はし	끝, 가장자리

💡 단어의 읽는 법과 의미를 외워 봅시다.

단 어	읽는법	의 미
11 返却	へんきゃく	(빌린 책) 반납, 반환
12 被害	ひがい	피해
13 反応	はんのう	반응
14 返済	へんさい	변제, 상환 (빌린 돈을 다 갚음)
15 発端	ほったん	발단
16 発散	はっさん	발산
17 ゆったりと		느긋하게, 마음 편히
18 発揮 ⑩⑱	はっき	발휘
19 防ぐ	ふせぐ	막다, 방지하다
20 防犯	ぼうはん	방범

💡 단어의 읽는 법과 의미를 외워 봅시다.

단 어	읽는법	의 미
21 防災 ⑩	ぼうさい	방재
22 舗装	ほそう	(도로) 포장
23 朗らか	ほがらか	(성격) 쾌활함, (날씨) 쾌청함(+だ 하다/+な 한)
24 方針 ⑪	ほうしん	방침
25 妨害	ぼうがい	방해(=邪魔)
26 平坦	へいたん	평탄(+だ 하다/+な 한)
27 背く	そむく	등지다, 어기다, 배반하다
28 背景	はいけい	배경
29 ぼやく		투덜거리다, 불평하다
30 行列	ぎょうれつ	행렬

DAY 6

1회 2회 3회

💡 단어의 읽는 법과 의미를 외워 봅시다.

🔊 MP3 2-2-6

단 어	읽는법	의 미
01 **たっぷり** ⑮		듬뿍이 충분한 모양
02 **贅沢** ⑬	ぜいたく	사치스러움, 호화로움 (+だ 하다/+な 한)
03 **整える**	ととのえる	정돈하다, 조절하다
04 **つくづくと**		곰곰이, 지그시, 정말
05 **配布**	はいふ	배포
06 **犯す**	おかす	(범죄) 저지르다
07 **無闇**	むやみ	함부로 함, 터무니없음 (+な 한/+に 하게)
08 **補う**	おぎなう	(부족) 보충하다, (손해) 변상하다
09 **普及** ⑯㉒	ふきゅう	보급
10 **平気**	へいき	아무렇지도 않음, 태연 함(+だ 하다/+な 한)

💡 단어의 읽는 법과 의미를 외워 봅시다.

단 어	읽는법	의 미
11 保留	ほりゅう	보류
12 保守	ほしゅ	보수, 보전
13 報酬	ほうしゅう	보수, 대가
14 補修	ほしゅう	보수, 수리
15 保証 ⑯	ほしょう	보증
16 補助	ほじょ	보조
17 補足 ⑬	ほそく	보충 (부족한 부분을 채움)
18 保存	ほぞん	보존
19 覆う ⑰	おおう	뒤덮다, 가리다, 숨기다
20 復旧	ふっきゅう	복구

💡 단어의 읽는 법과 의미를 외워 봅시다.

단 어	읽는법	의 미
21 福利	ふくり	복리
22 服用	ふくよう	복용
23 日中	にっちゅう	낮, 주간
24 何気ない	なにげない	무심하다, 아무렇지 않다
25 生意気	なまいき	건방짐, 주제넘음 (+だ 하다/+な 한)
26 腐る	くさる	썩다, 타락하다
27 不潔	ふけつ	불결(+だ 하다/+な 한)
28 情けない	なさけない	한심하다, 매정하다
29 付近	ふきん	부근, 근처
30 専念 ⑬	せんねん	전념

실력체크

💡 한 주 동안 외운 단어를 점검해 봅시다.

WEEK 02	학습 날짜	달성 목표	다시 한번 확인해야 하는 단어
DAY 1	__ / __	30개 중 __개 암기!	
DAY 2	__ / __	30개 중 __개 암기!	
DAY 3	__ / __	30개 중 __개 암기!	
DAY 4	__ / __	30개 중 __개 암기!	
DAY 5	__ / __	30개 중 __개 암기!	
DAY 6	__ / __	30개 중 __개 암기!	

✍ 단어의 읽는 법과 **의미**를 써 봅시다.

단 어		단 어	
☐ 宛名	읽는법 의 미	☐ 間際	읽는법 의 미
☐ 著しい	읽는법 의 미	☐ 手間	읽는법 의 미
☐ 一瞬	읽는법 의 미	☐ 問い合わせ	읽는법 의 미
☐ 間柄	읽는법 의 미	☐ 超過	읽는법 의 미
☐ 鈍感	읽는법 의 미	☐ 満たす	읽는법 의 미
☐ 行き違い	읽는법 의 미	☐ 和やか	읽는법 의 미
☐ 恵まれる	읽는법 의 미	☐ 淑やか	읽는법 의 미
☐ 離れる	읽는법 의 미	☐ 繁栄	읽는법 의 미
☐ 用途	읽는법 의 미	☐ 持て成す	읽는법 의 미
☐ 合間	읽는법 의 미	☐ 劣化	읽는법 의 미
☐ 目途	읽는법 의 미	☐ 荒れる	읽는법 의 미
☐ 人柄	읽는법 의 미	☐ 惨め	읽는법 의 미
☐ 覚悟	읽는법 의 미	☐ 大げさ	읽는법 의 미
☐ 恐縮	읽는법 의 미	☐ 唯一	읽는법 의 미
☐ 紛らわしい	읽는법 의 미	☐ 油断	읽는법 의 미

✎ 단어의 읽는 법과 의미를 써 봅시다.

단 어			단 어		
☐ 隙間	읽는법		☐ 痒い	읽는법	
	의 미			의 미	
☐ 避ける	읽는법		☐ 追跡	읽는법	
	의 미			의 미	
☐ 討論	읽는법		☐ そそっかしい	읽는법	
	의 미			의 미	
☐ 蓄える	읽는법		☐ だらしない	읽는법	
	의 미			의 미	
☐ 騙す	읽는법		☐ 取り戻す	읽는법	
	의 미			의 미	
☐ 縮む	읽는법		☐ 絞る	읽는법	
	의 미			의 미	
☐ つまずく	읽는법		☐ 気候	읽는법	
	의 미			의 미	
☐ 受け継ぐ	읽는법		☐ 一通り	읽는법	
	의 미			의 미	
☐ 出迎える	읽는법		☐ 徹底的に	읽는법	
	의 미			의 미	
☐ 通りかかる	읽는법		☐ 叶う	읽는법	
	의 미			의 미	
☐ 摘まむ	읽는법		☐ 遮る	읽는법	
	의 미			의 미	
☐ 遂げる	읽는법		☐ 理屈	읽는법	
	의 미			의 미	
☐ 長引く	읽는법		☐ 人影	읽는법	
	의 미			의 미	
☐ 図る	읽는법		☐ 負う	읽는법	
	의 미			의 미	
☐ 等しい	읽는법		☐ 手頃	읽는법	
	의 미			의 미	

✏️ 단어의 읽는 법과 **의미**를 써 봅시다.

단 어

단어		
☐ 大胆	읽는법	
	의 미	
☐ 礼儀	읽는법	
	의 미	
☐ 滞納	읽는법	
	의 미	
☐ ざっと	읽는법	
	의 미	
☐ 対応	읽는법	
	의 미	
☐ 大人しい	읽는법	
	의 미	
☐ 大雑把	읽는법	
	의 미	
☐ 待遇	읽는법	
	의 미	
☐ 対処	읽는법	
	의 미	
☐ いい加減	읽는법	
	의 미	
☐ 倒す	읽는법	
	의 미	
☐ 乱す	읽는법	
	의 미	
☐ 挑む	읽는법	
	의 미	
☐ 遅らす	읽는법	
	의 미	
☐ 塗る	읽는법	
	의 미	

단 어

단어		
☐ 収める	읽는법	
	의 미	
☐ 功績	읽는법	
	의 미	
☐ 潔白	읽는법	
	의 미	
☐ 図々しい	읽는법	
	의 미	
☐ 逃亡	읽는법	
	의 미	
☐ 徒歩	읽는법	
	의 미	
☐ じたばた	읽는법	
	의 미	
☐ 導入	읽는법	
	의 미	
☐ 到底	읽는법	
	의 미	
☐ 占める	읽는법	
	의 미	
☐ 到着	읽는법	
	의 미	
☐ 逃避	읽는법	
	의 미	
☐ 鈍る	읽는법	
	의 미	
☐ 明かす	읽는법	
	의 미	
☐ 突破	읽는법	
	의 미	

✎ 단어의 읽는 법과 의미를 써 봅시다.

단 어		단 어	
☐ 潰れる	읽는법 ___ 의 미 ___	☐ 頼もしい	읽는법 ___ 의 미 ___
☐ せっせと	읽는법 ___ 의 미 ___	☐ 頼る	읽는법 ___ 의 미 ___
☐ 爽快	읽는법 ___ 의 미 ___	☐ 皮膚	읽는법 ___ 의 미 ___
☐ 忽ち	읽는법 ___ 의 미 ___	☐ 詫びる	읽는법 ___ 의 미 ___
☐ 凍る	읽는법 ___ 의 미 ___	☐ ぼつぼつ	읽는법 ___ 의 미 ___
☐ 大幅	읽는법 ___ 의 미 ___	☐ 満ちる	읽는법 ___ 의 미 ___
☐ 同僚	읽는법 ___ 의 미 ___	☐ 惹かれる	읽는법 ___ 의 미 ___
☐ 同伴	읽는법 ___ 의 미 ___	☐ 飽和	읽는법 ___ 의 미 ___
☐ 拡散	읽는법 ___ 의 미 ___	☐ 面影	읽는법 ___ 의 미 ___
☐ 乱れる	읽는법 ___ 의 미 ___	☐ 模範	읽는법 ___ 의 미 ___
☐ 巡る	읽는법 ___ 의 미 ___	☐ 矛盾	읽는법 ___ 의 미 ___
☐ 冷やす	읽는법 ___ 의 미 ___	☐ 幻	읽는법 ___ 의 미 ___
☐ 拡充	읽는법 ___ 의 미 ___	☐ 冒険	읽는법 ___ 의 미 ___
☐ 育児	읽는법 ___ 의 미 ___	☐ 湯気	읽는법 ___ 의 미 ___
☐ 交す	읽는법 ___ 의 미 ___	☐ 目印	읽는법 ___ 의 미 ___

✎ 단어의 읽는 법과 의미를 써 봅시다.

단 어		
☐ 目指す	읽는법	
	의 미	
☐ 目標	읽는법	
	의 미	
☐ 無駄に	읽는법	
	의 미	
☐ 文献	읽는법	
	의 미	
☐ 物足りない	읽는법	
	의 미	
☐ 敏感	읽는법	
	의 미	
☐ 密接	읽는법	
	의 미	
☐ 密閉	읽는법	
	의 미	
☐ 迫る	읽는법	
	의 미	
☐ 端	읽는법	
	의 미	
☐ 返却	읽는법	
	의 미	
☐ 被害	읽는법	
	의 미	
☐ 反応	읽는법	
	의 미	
☐ 返済	읽는법	
	의 미	
☐ 発端	읽는법	
	의 미	

단 어		
☐ 発散	읽는법	
	의 미	
☐ ゆったりと	읽는법	
	의 미	
☐ 発揮	읽는법	
	의 미	
☐ 防ぐ	읽는법	
	의 미	
☐ 防犯	읽는법	
	의 미	
☐ 防災	읽는법	
	의 미	
☐ 舗装	읽는법	
	의 미	
☐ 朗らか	읽는법	
	의 미	
☐ 方針	읽는법	
	의 미	
☐ 妨害	읽는법	
	의 미	
☐ 平坦	읽는법	
	의 미	
☐ 背く	읽는법	
	의 미	
☐ 背景	읽는법	
	의 미	
☐ ぼやく	읽는법	
	의 미	
☐ 行列	읽는법	
	의 미	

✎ 단어의 읽는 법과 의미를 써 봅시다.

단 어	읽는법 / 의 미
☐ たっぷり	읽는법 / 의 미
☐ 贅沢	읽는법 / 의 미
☐ 整える	읽는법 / 의 미
☐ つくづくと	읽는법 / 의 미
☐ 配布	읽는법 / 의 미
☐ 犯す	읽는법 / 의 미
☐ 無闇	읽는법 / 의 미
☐ 補う	읽는법 / 의 미
☐ 普及	읽는법 / 의 미
☐ 平気	읽는법 / 의 미
☐ 保留	읽는법 / 의 미
☐ 保守	읽는법 / 의 미
☐ 報酬	읽는법 / 의 미
☐ 補修	읽는법 / 의 미
☐ 保証	읽는법 / 의 미

단 어	읽는법 / 의 미
☐ 補助	읽는법 / 의 미
☐ 補足	읽는법 / 의 미
☐ 保存	읽는법 / 의 미
☐ 覆う	읽는법 / 의 미
☐ 復旧	읽는법 / 의 미
☐ 福利	읽는법 / 의 미
☐ 服用	읽는법 / 의 미
☐ 日中	읽는법 / 의 미
☐ 何気ない	읽는법 / 의 미
☐ 生意気	읽는법 / 의 미
☐ 腐る	읽는법 / 의 미
☐ 不潔	읽는법 / 의 미
☐ 情けない	읽는법 / 의 미
☐ 付近	읽는법 / 의 미
☐ 専念	읽는법 / 의 미

✎ 실제 시험유형과 비슷한 문제를 통해 복습해 봅시다.

■ ____의 단어의 읽는 법으로 가장 적당한 것을 ①, ②, ③, ④에서 하나 고르세요.

1) とても和やかな雰囲気でした。 매우 온화한 분위기였습니다.

①おだやか　　②さわやか　　③なごやか　　④にぎやか

2) レポートを書きやすくするため、テーマを二つに絞った。

리포트를 쓰기 쉽게 하기 위해 주제를 두 가지로 좁혔다.

①しぼった　　②けずった　　③さぐった　　④うかがった

3) この業界はもう飽和状態である。 이 업계는 이미 포화상태이다.

①しょっか　　②しょくわ　　③ほうか　　④ほうわ

② ____의 단어를 한자로 쓸 때 가장 적당한 것을 ①, ②, ③, ④에서 하나 고르세요.

1) 面接に入る前に服装をととのえます。

면접에 들어가기 전에 복장을 정리합니다.

①整え　　②終え　　③渡え　　④済え

2) 台風のひがいを受けた人が多いです。

태풍의 피해를 입은 사람이 많습니다.

①彼害　　②被害　　③破害　　④波害

3) 人数の不足をなんとかおぎなうことができました。

인원 부족을 어떻게든 보충할 수 있었습니다.

①捕う　　②浦う　　③補う　　④舗う

3 ( )에 들어갈 것으로 가장 적당한 것을 ①, ②, ③, ④에서 하나 고르세요.

1) 母は味に( )で、始めて食べた料理もすぐ再現できる。

엄마는 맛에 민감해서 처음 먹은 요리도 바로 재현할 수 있다.

① 斬新 　　② 機敏 　　③ 過激 　　④ 敏感

2) 弟と昨日けんかをしたので、( )席に座った。

남동생과 어제 싸웠기 때문에 떨어져서 자리에 앉았다.

① 破れて 　　② 離れて 　　③ 誇れて 　　④ 渡れて

3) 実家の犬はとても賢い上に、( )どこでも連れていけます。

고향 집의 개는 매우 영리한 데다가 얌전해서 어디든지 데리고 갈 수 있습니다.

① そそっかしくて ② だらしなくて ③ おとなしくて ④ ずうずうしくて

4) 彼はベストセラーになっている話題作を( )追いかける。

그는 베스트 셀러가 되고 있는 화제작을 열심히 뒤쫓는다.

① たっぷり 　　② たちまち 　　③ せっせと 　　④ そろそろ

정답

1 1) ③ 2) ① 3) ④
2 1) ① 2) ③ 3) ③
3 1) ④ 2) ② 3) ③ 4) ③

WEEK 03

3 주째

時間がない！
もっとがんばろう！

💡 단어의 읽는 법과 의미를 외워 봅시다.   🔊 MP3 2-3-1

단 어	읽는법	의 미
01 **取り除く**	とりのぞく	제거하다, 없애다
02 **のんびり** ⑯		유유자적하고 느긋한 모양
03 **はきはき**		시원시원하게 활발하고 똑똑한 모양
04 **ばったり**		우연히 딱 마주치는 모양, 갑자기 끊어지는 모양
05 **負担** ⑲	ふたん	부담
06 **誇張**	こちょう	과장
07 **不調**	ふちょう	상태가 나쁨 (+だ 하다/+な 한)
08 **分配**	ぶんぱい	분배
09 **分析** ⑪	ぶんせき	분석
10 **分解** ⑰	ぶんかい	분해

💡 단어의 읽는 법과 의미를 외워 봅시다.

단 어	읽는법	의 미
11 不意に	ふいに	갑자기, 불시에
12 崩す	くずす	무너뜨리다
13 備える ⑩㉒	そなえる	갖추다, 구비하다, 대비하다
14 月日	がっぴ	월일
15 費やす	ついやす	소비하다, 낭비하다
16 添える	そえる	첨부하다, 곁들이다, 더하다
17 卑怯	ひきょう	비겁(+だ 하다/+な 한)
18 秘訣	ひけつ	비결
19 批評 ⑯	ひひょう	비평
20 適切	てきせつ	적절(+だ 하다/+な 한)

💡 단어의 읽는 법과 의미를 외워 봅시다.

단 어	읽는법	의 미
21 合図 ⑭	あいず	신호
22 険しい ⑳㉓	けわしい	험하다, 험악하다
23 邪魔 ⑯	じゃま	방해
24 積む ⑬	つむ	쌓다, 싣다
25 詰まる ⑪	つまる	가득차다, 막히다
26 削除 ⑫	さくじょ	삭제
27 散らかす ⑰	ちらかす	흐트러뜨리다, 어지르다
28 尽きる ⑩⑲	つきる	다하다, 떨어지다, 끝나다
29 酷い	ひどい	심하다, 지독하다
30 傷む	いたむ	아프다, (물건) 상하다, 파손되다

DAY 2

1회 2회 3회

💡 단어의 읽는 법과 의미를 외워 봅시다.

🔊 MP3 2-3-2

단 어	읽는법	의 미
01 **はらはら**		아슬아슬하여 조바심 내는 모양
02 **ひそひそ** ⑰		소곤거리며 속삭이는 모양
03 **ひたすら**		오직, 한결같이
04 **独りでに**	ひとりでに	저절로, 자연히
05 **ちょくちょく**		이따금, 가끔
06 **頂戴する**	ちょうだいする	윗사람에게 받다
07 **詳細**	しょうさい	상세(+だ 하다/+な 한)
08 **上昇** ㉑	じょうしょう	상승
09 **相次ぐ**	あいつぐ	잇따르다, 이어받다
10 **状態**	じょうたい	상태

💡 단어의 읽는 법과 의미를 외워 봅시다.

단 어	읽는법	의 미
11 堪える	こらえる	참다, 견디다
12 生地	きじ	옷감, 반죽
13 序列	じょれつ	서열, 순서
14 惜しい ㉓	おしい	아깝다, 애석하다
15 選考	せんこう	(인사, 서류, 시험) 전형
16 滑らか	なめらか	매끈한 모양, 순조로움 (+だ 하다/+な 한)
17 鮮明	せんめい	선명(+だ 하다/+な 한)
18 粗末	そまつ	허술함, 변변치 않음 (+だ 하다/+な 한)
19 解明	かいめい	해명
20 設ける	もうける	마련하다, 설치하다

💡 단어의 읽는 법과 의미를 외워 봅시다.

단 어	읽는법	의 미
[21] 暗闇	くらやみ	어둠, 눈에 띄지 않는 곳
[22] 説得	せっとく	설득
[23] 設備 ㉒	せつび	설비
[24] 絶望	ぜつぼう	절망
[25] 繊維	せんい	섬유
[26] 投資	とうし	투자
[27] 省略 ⑮	しょうりゃく	생략
[28] 精巧	せいこう	정교(+だ 하다/+な 한)
[29] 勢い	いきおい	기세, 세력, 기운
[30] 揃える	そろえる	가지런히 정돈하다, 갖추다, 맞추다

DAY 3

1회 2회 3회

💡 단어의 읽는 법과 의미를 외워 봅시다.　　🔊 MP3 2-3-3

단 어	읽는법	의 미
01 平然	へいぜん	태연(+な 한/+に 하게)
02 済む	すむ	끝나다, 해결되다
03 ぼんやり ⑪		뚜렷하지 않고 흐린 모양
04 有益	ゆうえき	유익(+だ 하다/+な 한)
05 世の中 ⑬	よのなか	세상, 시대
06 世間 ㉒	せけん	세간, 세상
07 慌ただしい ⑬	あわただしい	황급하다, 어수선하다
08 献立	こんだて	식단, 메뉴
09 精算	せいさん	정산
10 真似	まね	흉내

💡 단어의 읽는 법과 의미를 외워 봅시다.

단 어	읽는법	의 미
11 世話	せわ	돌봄, 보살핌
12 条件	じょうけん	조건
13 騒がす	さわがす	소란스럽게 하다
14 しみじみ		마음속에 절실히 느끼는 모양
15 次第に	しだいに	점차, 점점
16 騒ぐ	さわぐ	떠들다, 소란피우다
17 消す	けす	지우다, 끄다
18 遡る	さかのぼる	거슬러 올라가다, 소급하다
19 所得	しょとく	소득
20 難航	なんこう	난항

💡 단어의 읽는 법과 의미를 외워 봅시다.

단 어	읽는법	의 미
21 素朴	そぼく	소박(+だ 하다/+な 한)
22 心得	こころえ	마음가짐, 소양
23 血管	けっかん	혈관
24 騒々しい	そうぞうしい	떠들썩하다
25 所属	しょぞく	소속
26 促す	うながす	재촉하다, 촉구하다
27 騒音	そうおん	소음
28 素材 ⑲㉒	そざい	소재
29 素敵	すてき	매우 근사함, 아주 멋짐 (+だ 하다/+な 한)
30 素直	すなお	순진함, 솔직함 (+だ 하다/+な 한)

DAY 4

1회 2회 3회

💡 단어의 읽는 법과 의미를 외워 봅시다.

🔊 MP3 2-3-4

단 어	읽는법	의 미
01 属する	ぞくする	속하다
02 率直	そっちょく	솔직(+な 한/+に 하게)
03 送料	そうりょう	배송료
04 見栄えがする	みばえがする	돋보이다
05 送迎	そうげい	송영(보내고 맞이함)
06 衰える ⑲	おとろえる	쇠약해지다
07 衰退	すいたい	쇠퇴
08 手がかり	てがかり	단서, 실마리(=糸口)
09 依頼	いらい	의뢰
10 受け入れる	うけいれる	수용하다

💡 단어의 읽는 법과 의미를 외워 봅시다.

단 어	읽는법	의 미
11 微か ⑬	かすか	희미함, 미미함 (+な 한/+に 하게)
12 左右	さゆう	좌우
13 睡眠	すいみん	수면
14 手本	てほん	본보기, 모범(=模範)
15 悔やむ ⑰	くやむ	후회하다, 애도하다
16 緊迫	きんぱく	긴박
17 出世 ⑩	しゅっせ	출세
18 垂直 ⑰㉒	すいちょく	수직
19 下げる	さげる	내리다, 낮추다, (접시) 치우다
20 承る	うけたまわる	삼가 듣다, 삼가 받다, 삼가 승낙하다

💡 단어의 읽는 법과 의미를 외워 봅시다.

단 어	읽는법	의 미
21 収穫 ⑯	しゅうかく	수확
22 証拠	しょうこ	증거
23 好む	このむ	좋아하다, 즐기다
24 循環	じゅんかん	순환
25 戸籍	こせき	호적
26 湿る ⑱	しめる	눅눅해지다, 습기차다, 우울해지다
27 習慣	しゅうかん	습관
28 湿気	しっけ, しっき	습기
29 豪華	ごうか	호화(+だ 하다/+な 한)
30 望ましい	のぞましい	바람직하다

💡 단어의 읽는 법과 의미를 외워 봅시다.　🔊 MP3 2-3-5

단 어	읽는법	의 미
01 ますます		점점, 더욱더
02 寧ろ	むしろ	차라리, 오히려
03 めっきり		부쩍 변화하는 모양
04 めったに		거의, 좀처럼(+부정)
05 開封	かいふう	개봉
06 乗客	じょうきゃく	승객
07 勝負	しょうぶ	승부
08 勝手	かって	제멋대로 함 (+な 한/+に 하게)
09 昇進	しょうしん	승진
10 隠れる	かくれる	숨다

💡 단어의 읽는 법과 의미를 외워 봅시다.

단 어	읽는법	의 미
11 **勝敗**	しょうはい	승패
12 **気配り**	きくばり	배려
13 **ぎざぎざ**		들쑥날쑥한 모양
14 **欠陥** ⑳	けっかん	결함
15 **施設**	しせつ	시설
16 **起床**	きしょう	기상
17 **恒例**	こうれい	항례(보통 있는 일)
18 **施行**	しこう	시행, 실시
19 **厚かましい**	あつかましい	뻔뻔스럽다(=図々しい)
20 **傷付く**	きずつく	다치다, 상처 입다, 상하다

단어의 읽는 법과 의미를 외워 봅시다.

단 어	읽는법	의 미
21 辛い ⑩	からい	맵다
22 辛うじて	かろうじて	겨우, 간신히
23 信頼	しんらい	신뢰
24 きっぱり ⑱		단호히, 딱 잘라
25 休憩	きゅうけい	휴식
26 雑	ざつ	조잡함, 엉성함 (+な 한/+に 하게)
27 気安い	きやすい	허물없다, 거리낌없다
28 深刻 ⑩	しんこく	심각(+だ 하다/+な 한)
29 炊事	すいじ	취사
30 強弱	きょうじゃく	강약

DAY 6

1회 2회 3회

💡 단어의 읽는 법과 의미를 외워 봅시다.

🔊 MP3 2-3-6

단 어	읽는법	의 미
01 児童	じどう	아동
02 握る ⑰	にぎる	쥐다, 잡다, 장악하다
03 近辺	きんぺん	부근
04 鮮やか ⑮⑳	あざやか	또렷함, 선명함 (+だ하다/+な 한)
05 圧勝 ⑭	あっしょう	압승
06 薄ら	うっすら	어렴풋이, 희미하게
07 憧れる ⑲	あこがれる	동경하다
08 若干	じゃっかん	약간, 얼마간
09 譲る	ゆずる	양도하다, 물려주다, 양보하다
10 講師 ⑮	こうし	강사

💡 단어의 읽는 법과 의미를 외워 봅시다.

단 어	읽는법	의 미
11 課する	かする	부과하다
12 活躍	かつやく	활약
13 高層	こうそう	고층
14 円満	えんまん	원만(+な 한/+に 하게)
15 予め ⑭	あらかじめ	미리, 사전에
16 余計	よけい	여분, 쓸데없음 (+だ 하다/+な 한)
17 失望	しつぼう	실망
18 余裕	よゆう	여유
19 逆らう ⑭	さからう	거스르다, 역행하다
20 所以	ゆえん	이유, 까닭

💡 단어의 읽는 법과 의미를 외워 봅시다.

단 어	읽는법	의 미
21 改訂	かいてい	개정
22 見苦しい	みぐるしい	보기 흉하다, 꼴사납다 (=みっともない)
23 占う	うらなう	점치다
24 影	かげ	그림자
25 快調	かいちょう	쾌조, 호조 (+だ 하다/+な 한)
26 各々	おのおの	제각각, 각기
27 脅す	おどす	위협하다, 협박하다
28 羨ましい	うらやましい	부럽다
29 誤解 ㉓	ごかい	오해
30 お洒落	おしゃれ	멋짐, 멋을 냄 (+だ 하다/+な 한)

실력체크

💡 한 주 동안 외운 단어를 점검해 봅시다.

WEEK 03	학습 날짜	달성 목표	다시 한번 확인해야 하는 단어
DAY 1	___ / ___	30개 중 ___ 개 암기!	
DAY 2	___ / ___	30개 중 ___ 개 암기!	
DAY 3	___ / ___	30개 중 ___ 개 암기!	
DAY 4	___ / ___	30개 중 ___ 개 암기!	
DAY 5	___ / ___	30개 중 ___ 개 암기!	
DAY 6	___ / ___	30개 중 ___ 개 암기!	

単語의 읽는 법과 **의미**를 써 봅시다.

단 어			단 어		
☐ 取り除く	읽는법		☐ 添える	읽는법	
	의 미			의 미	
☐ のんびり	읽는법		☐ 卑怯	읽는법	
	의 미			의 미	
☐ はきはき	읽는법		☐ 秘訣	읽는법	
	의 미			의 미	
☐ ばったり	읽는법		☐ 批評	읽는법	
	의 미			의 미	
☐ 負担	읽는법		☐ 適切	읽는법	
	의 미			의 미	
☐ 誇張	읽는법		☐ 合図	읽는법	
	의 미			의 미	
☐ 不調	읽는법		☐ 険しい	읽는법	
	의 미			의 미	
☐ 分配	읽는법		☐ 邪魔	읽는법	
	의 미			의 미	
☐ 分析	읽는법		☐ 積む	읽는법	
	의 미			의 미	
☐ 分解	읽는법		☐ 詰まる	읽는법	
	의 미			의 미	
☐ 不意に	읽는법		☐ 削除	읽는법	
	의 미			의 미	
☐ 崩す	읽는법		☐ 散らかす	읽는법	
	의 미			의 미	
☐ 備える	읽는법		☐ 尽きる	읽는법	
	의 미			의 미	
☐ 月日	읽는법		☐ 酷い	읽는법	
	의 미			의 미	
☐ 費やす	읽는법		☐ 傷む	읽는법	
	의 미			의 미	

✐ 단어의 읽는 법과 **의미**를 써 봅시다.

단 어			단 어		
☐ はらはら	읽는법		☐ 滑らか	읽는법	
	의 미			의 미	
☐ ひそひそ	읽는법		☐ 鮮明	읽는법	
	의 미			의 미	
☐ ひたすら	읽는법		☐ 粗末	읽는법	
	의 미			의 미	
☐ 独りでに	읽는법		☐ 解明	읽는법	
	의 미			의 미	
☐ ちょくちょく	읽는법		☐ 設ける	읽는법	
	의 미			의 미	
☐ 頂戴する	읽는법		☐ 暗闇	읽는법	
	의 미			의 미	
☐ 詳細	읽는법		☐ 説得	읽는법	
	의 미			의 미	
☐ 上昇	읽는법		☐ 設備	읽는법	
	의 미			의 미	
☐ 相次ぐ	읽는법		☐ 絶望	읽는법	
	의 미			의 미	
☐ 状態	읽는법		☐ 繊維	읽는법	
	의 미			의 미	
☐ 堪える	읽는법		☐ 投資	읽는법	
	의 미			의 미	
☐ 生地	읽는법		☐ 省略	읽는법	
	의 미			의 미	
☐ 序列	읽는법		☐ 精巧	읽는법	
	의 미			의 미	
☐ 惜しい	읽는법		☐ 勢い	읽는법	
	의 미			의 미	
☐ 選考	읽는법		☐ 揃える	읽는법	
	의 미			의 미	

✎ 단어의 읽는 법과 의미를 써 봅시다.

단 어			단 어	
□ 平然	읽는법		□ 騒ぐ	읽는법
	의 미			의 미
□ 済む	읽는법		□ 消す	읽는법
	의 미			의 미
□ ぼんやり	읽는법		□ 遡る	읽는법
	의 미			의 미
□ 有益	읽는법		□ 所得	읽는법
	의 미			의 미
□ 世の中	읽는법		□ 難航	읽는법
	의 미			의 미
□ 世間	읽는법		□ 素朴	읽는법
	의 미			의 미
□ 慌ただしい	읽는법		□ 心得	읽는법
	의 미			의 미
□ 献立	읽는법		□ 血管	읽는법
	의 미			의 미
□ 精算	읽는법		□ 騒々しい	읽는법
	의 미			의 미
□ 真似	읽는법		□ 所属	읽는법
	의 미			의 미
□ 世話	읽는법		□ 促す	읽는법
	의 미			의 미
□ 条件	읽는법		□ 騒音	읽는법
	의 미			의 미
□ 騒がす	읽는법		□ 素材	읽는법
	의 미			의 미
□ しみじみ	읽는법		□ 素敵	읽는법
	의 미			의 미
□ 次第に	읽는법		□ 素直	읽는법
	의 미			의 미

✐ 단어의 읽는 법과 의미를 써 봅시다.

단 어		
□ 属する	읽는법	
	의 미	
□ 率直	읽는법	
	의 미	
□ 送料	읽는법	
	의 미	
□ 見栄えがする	읽는법	
	의 미	
□ 送迎	읽는법	
	의 미	
□ 衰える	읽는법	
	의 미	
□ 衰退	읽는법	
	의 미	
□ 手がかり	읽는법	
	의 미	
□ 依頼	읽는법	
	의 미	
□ 受け入れる	읽는법	
	의 미	
□ 微か	읽는법	
	의 미	
□ 左右	읽는법	
	의 미	
□ 睡眠	읽는법	
	의 미	
□ 手本	읽는법	
	의 미	
□ 悔やむ	읽는법	
	의 미	

단 어		
□ 緊迫	읽는법	
	의 미	
□ 出世	읽는법	
	의 미	
□ 垂直	읽는법	
	의 미	
□ 下げる	읽는법	
	의 미	
□ 承る	읽는법	
	의 미	
□ 収穫	읽는법	
	의 미	
□ 証拠	읽는법	
	의 미	
□ 好む	읽는법	
	의 미	
□ 循環	읽는법	
	의 미	
□ 戸籍	읽는법	
	의 미	
□ 湿る	읽는법	
	의 미	
□ 習慣	읽는법	
	의 미	
□ 湿気	읽는법	
	의 미	
□ 豪華	읽는법	
	의 미	
□ 望ましい	읽는법	
	의 미	

✎ 단어의 읽는 법과 의미를 써 봅시다.

단 어			단 어	
□ ますます	읽는법		□ 起床	읽는법
	의 미			의 미
□ 寧ろ	읽는법		□ 恒例	읽는법
	의 미			의 미
□ めっきり	읽는법		□ 施行	읽는법
	의 미			의 미
□ めったに	읽는법		□ 厚かましい	읽는법
	의 미			의 미
□ 開封	읽는법		□ 傷付く	읽는법
	의 미			의 미
□ 乗客	읽는법		□ 辛い	읽는법
	의 미			의 미
□ 勝負	읽는법		□ 辛うじて	읽는법
	의 미			의 미
□ 勝手	읽는법		□ 信頼	읽는법
	의 미			의 미
□ 昇進	읽는법		□ きっぱり	읽는법
	의 미			의 미
□ 隠れる	읽는법		□ 休憩	읽는법
	의 미			의 미
□ 勝敗	읽는법		□ 雑	읽는법
	의 미			의 미
□ 気配り	읽는법		□ 気安い	읽는법
	의 미			의 미
□ ぎざぎざ	읽는법		□ 深刻	읽는법
	의 미			의 미
□ 欠陥	읽는법		□ 炊事	읽는법
	의 미			의 미
□ 施設	읽는법		□ 強弱	읽는법
	의 미			의 미

✎ 단어의 읽는 법과 의미를 써 봅시다.

단 어	읽는법	의 미		단 어	읽는법	의 미

☐ 児童 — 읽는법 / 의 미

☐ 握る — 읽는법 / 의 미

☐ 近辺 — 읽는법 / 의 미

☐ 鮮やか — 읽는법 / 의 미

☐ 圧勝 — 읽는법 / 의 미

☐ 薄ら — 읽는법 / 의 미

☐ 憧れる — 읽는법 / 의 미

☐ 若干 — 읽는법 / 의 미

☐ 譲る — 읽는법 / 의 미

☐ 講師 — 읽는법 / 의 미

☐ 課する — 읽는법 / 의 미

☐ 活躍 — 읽는법 / 의 미

☐ 高層 — 읽는법 / 의 미

☐ 円満 — 읽는법 / 의 미

☐ 予め — 읽는법 / 의 미

☐ 余計 — 읽는법 / 의 미

☐ 失望 — 읽는법 / 의 미

☐ 余裕 — 읽는법 / 의 미

☐ 逆らう — 읽는법 / 의 미

☐ 所以 — 읽는법 / 의 미

☐ 改訂 — 읽는법 / 의 미

☐ 見苦しい — 읽는법 / 의 미

☐ 占う — 읽는법 / 의 미

☐ 影 — 읽는법 / 의 미

☐ 快調 — 읽는법 / 의 미

☐ 各々 — 읽는법 / 의 미

☐ 脅す — 읽는법 / 의 미

☐ 羨ましい — 읽는법 / 의 미

☐ 誤解 — 읽는법 / 의 미

☐ お洒落 — 읽는법 / 의 미

✎ 실제 시험유형과 비슷한 문제를 통해 복습해 봅시다.

1 _____의 단어의 읽는 법으로 가장 적당한 것을 ①, ②, ③, ④에서 하나 고르세요.

1) ここから垂直に赤い線を引いてください。

여기부터 수직으로 빨간 선을 그어 주세요.

① ついじき　　② ついちょく　　③ すいじき　　④ すいちょく

2) 勘違いして会社からのメールを削除してしまった。

착각해서 회사에서 온 메일을 삭제해 버렸다.

① しょうじ　　② しょうじょ　　③ さくじ　　④ さくじょ

3) 大家から家賃を促す電話がかかってきた。

집주인에게서 집세를 재촉하는 전화가 걸려 왔다.

① うながす　　② そくす　　③ たくす　　④ ほどこす

2 _____의 단어를 한자로 쓸 때 가장 적당한 것을 ①, ②, ③, ④에서 하나 고르세요.

1) 先日のゼミ旅行、費用のせいさんは終わりましたか。

전날 세미나 여행의 비용 정산은 끝났습니까?

① 請算　　② 製算　　③ 精算　　④ 制算

2) 昨日展覧会で見た絵の花の色がとてもあざやかだった。

어제 전람회에서 본 그림의 꽃 색깔이 매우 선명했다.

① 照やか　　② 晴やか　　③ 鮮やか　　④ 濃やか

3) もうすぐ果物をしゅうかくするときだと思います。

이제 곧 과일을 수확할 때라고 생각합니다.

① 収獲　　② 収穫　　③ 集獲　　④ 集穫

3 ( )에 들어갈 것으로 가장 적당한 것을 ①, ②, ③, ④에서 하나 고르세요.

1) 新発売の商品は働く女性にアピールして販売数の(　)に繋がっているそうだ。

새로 발매되는 상품은 일하는 여성에게 어필해서 판매수의 상승으로 이어지고 있다고 한다.

① 渋滞　　　　② 昇進　　　　③ 衰退　　　　④ 上昇

2) 地震が起きたときに(　)必要な物を買っておこう。

지진이 일어났을 때를 대비하여 필요한 물건을 사 두자.

① 備えて　　　② 整えて　　　③ 抱えて　　　④ 蓄えて

3) 論文に対する先生の(　)な意見を聞きたいと思いました。

논문에 대한 선생님의 솔직한 의견을 듣고 싶다고 생각했습니다.

① 不意　　　　② 率直　　　　③ 順調　　　　④ 曖昧

4) 今、駅前でお隣さんに(　)会ってびっくりした。

지금 역 앞에서 이웃 분을 딱 만나 깜짝 놀랐다.

① のろのろ　　② ますます　　③ ばったり　　④ ひそひそ

정답

1 1) ④ 2) ④ 3) ①
2 1) ③ 2) ③ 3) ②
3 1) ④ 2) ① 3) ② 4) ③

WEEK 04

4 주 째

やった！
合格だ！！

DAY 1

1회 2회 3회

💡 단어의 읽는 법과 의미를 외워 봅시다.

🔊 MP3 2-4-1

단 어	읽는법	의 미
01 緩やか	ゆるやか	완만함, 느슨함 (+だ 하다/+な 한)
02 閑散	かんさん	한산(+だ 하다/+な 한)
03 廃止 ⑲	はいし	폐지
04 緩和	かんわ	완화
05 当てる	あてる	맞히다, 당첨하다, 충당하다
06 要所	ようしょ	요소, 요점
07 一致	いっち	일치
08 容姿 ⑯	ようし	용자(얼굴 모양, 몸매)
09 懐かしい	なつかしい	(과거) 그립다
10 ありがち		세상에 흔히 있음 (+だ 하다/+な 한)

💡 단어의 읽는 법과 의미를 외워 봅시다.

단 어	읽는법	의 미
11 郵送	ゆうそう	우송
12 優秀	ゆうしゅう	우수(+だ하다/+な한)
13 見積もり	みつもり	견적
14 散る	ちる	(꽃) 지다, 흩어지다
15 運賃 ㉓	うんちん	운임
16 遠慮	えんりょ	사양, 삼가
17 特殊 ⑲	とくしゅ	특수(+だ하다/+な한)
18 願望 ⑯	がんぼう	소원, 바람
19 もったいない ㉓		아깝다, 과분하다
20 授ける	さずける	하사하다, 전수하다

💡 단어의 읽는 법과 의미를 외워 봅시다.

단 어	읽는법	의 미
21 危機感	ききかん	위기감
22 幼い ⑰	おさない	어리다, 미숙하다
23 柔らかい	やわらかい	부드럽다, 유연하다
24 魅力	みりょく	매력
25 誘導	ゆうどう	유도, 이끎
26 有効 ⑩	ゆうこう	유효(+な 한/+に 하게)
27 幼児	ようじ	유아
28 柔軟 ⑮⑰	じゅうなん	유연(+な 한/+に 하게)
29 維持	いじ	유지
30 打ち消す ⑰	うちけす	부정하다, 부인하다

💡 단어의 읽는 법과 의미를 외워 봅시다.

🔊 MP3 2-4-2

단 어	읽는법	의 미
01 喧しい ⑭	やかましい	시끄럽다, 성가시다, 잔소리가 심하다
02 やむを得ない	やむをえない	어쩔 수 없다, 부득이하다
03 やがて		이윽고, 머지 않아
04 わずか		조금, 사소함, 근소함 (+だ 하다/+な 한)
05 幼稚 ⑭	ようち	유치, 미숙함 (+だ 하다/+な 한)
06 愉快	ゆかい	유쾌(+だ 하다/+な 한)
07 見逃す ⑲	みのがす	못 보고 놓치다, 빠뜨리고 보다, 묵인하다
08 穏やか ⑰	おだやか	온화함, 평온함 (+だ 하다/+な 한)
09 みっともない		보기 싫다, 꼴불견이다(=見苦しい)
10 意図的	いとてき	의도적 (+な 한/+に 하게)

💡 단어의 읽는 법과 의미를 외워 봅시다.

단 어	읽는법	의 미
11 特徴	とくちょう	특징
12 依然	いぜん	의연, 여전(=相変あい かわらず) (+な 한/+に 하게)
13 生かす	いかす	살리다, 발휘하다
14 潔い	いさぎよい	(태도) 결백하고 떳떳하다
15 引き受ける	ひきうける	(일) 맡다, 떠맡다
16 把握	はあく	파악
17 認める	みとめる	인정하다, 좋게 평가하다
18 取り扱う	とりあつかう	취급하다
19 引用 ㉑	いんよう	인용
20 営む	いとなむ	운영하다, 영위하다

💡 단어의 읽는 법과 의미를 외워 봅시다.

단 어	읽는법	의 미
21 一見	いっけん	언뜻 보기에
22 一旦 ⑮	いったん	일단, 한때
23 即座に ⑬⑲	そくざに	즉시, 즉석에서
24 一種	いっしゅ	일종, 조금, 뭔가
25 一層	いっそう	한층 더, 더욱더 (=ますます)
26 任せる	まかせる	(역할) 맡기다
27 忠実	ちゅうじつ	충실(+な 한/+に 하게)
28 更新	こうしん	갱신
29 取り成す	とりなす	수습하다, 중재하다
30 自ら	みずから	스스로

💡 단어의 읽는 법과 의미를 외워 봅시다.   🔊 MP3 2-4-3

단 어	읽는법	의 미
01 刺激 ⑲㉒	しげき	자극
02 豊富 ⑰	ほうふ	풍부(+だ 하다/+な 한)
03 出鱈目 ⑱	でたらめ	엉터리, 아무렇게나 함 (+だ 하다/+な 한)
04 手入れ	ていれ	손질, (경찰) 단속
05 心細い	こころぼそい	불안하다, 허전하다
06 障害	しょうがい	장애, 방해물
07 再び	ふたたび	두 번, 재차, 다시 (=改めて)
08 褒める	ほめる	칭찬하다
09 訂正	ていせい	정정
10 争う ⑮⑳	あらそう	다투다, 경쟁하다

💡 단어의 읽는 법과 의미를 외워 봅시다.

단 어	읽는법	의 미
11 狙う	ねらう	노리다, 겨냥하다
12 抵抗 ⑫	ていこう	저항
13 適度	てきど	적당함, 알맞음 (+な 한/+に 하게)
14 装置 ⑫	そうち	장치
15 提供 ⑯	ていきょう	제공
16 遭遇	そうぐう	조우(우연히 만남)
17 伝染	でんせん	전염
18 前提	ぜんてい	전제
19 転換	てんかん	전환
20 接触	せっしょく	접촉

💡 단어의 읽는 법과 의미를 외워 봅시다.

단 어	읽는법	의 미
21 着々 ⑱	ちゃくちゃく	착착, 한걸음 한걸음
22 溢れる	あふれる	넘치다
23 点検	てんけん	점검
24 接する	せっする	접하다, 만나다
25 着陸	ちゃくりく	착륙
26 ちやほや		응석을 받아주며 비위를 맞추는 모양
27 頂上 ⑰	ちょうじょう	정상
28 情勢	じょうせい	정세, 형세
29 手際	てぎわ	손재주, 솜씨
30 だぶだぶ		옷이 커서 헐렁헐렁한 모양, 살쪄서 뒤룩거리는 모양

DAY 4

1회 2회 3회

💡 단어의 읽는 법과 의미를 외워 봅시다.

◀) MP3 2-4-4

단 어	읽는법	의 미
01 提示	ていじ	제시
02 製造 ⑯	せいぞう	제조
03 提出	ていしゅつ	제출
04 提携	ていけい	제휴
05 只	ただ	다만, 단지, 그저
06 照明	しょうめい	조명
07 大底	たいてい	대개, 보통
08 狡い ⑯	ずるい	교활하다, 능글맞다
09 組織	そしき	조직
10 種	たね	씨앗, 재료, 원인

💡 단어의 읽는 법과 의미를 외워 봅시다.

단 어	읽는법	의 미
11 澄ます	すます	깨끗이 하다, 맑게 하다
12 寿命	じゅみょう	수명
13 中継 ⑬	ちゅうけい	중계
14 増やす	ふやす	늘리다, 불리다
15 症状	しょうじょう	증상
16 淡い	あわい	(맛, 빛깔) 진하지 않다, (형태, 빛) 희미하다
17 憎む ⑲	にくむ	미워하다, 증오하다
18 追い越す	おいこす	추월하다, 앞지르다
19 志す	こころざす	뜻을 세우다, 지향하다
20 志願	しがん	지원(=志望しぼう)

💡 단어의 읽는 법과 의미를 외워 봅시다.

단 어	읽는법	의 미
21 **志望**	しぼう	지망(=志願) しがん
22 **撮影**	さつえい	촬영
23 **蓄積**	ちくせき	축적
24 **削減**	さくげん	삭감
25 **地元**	じもと	그 고장, 자기가 살고 있는 지역
26 **支援**	しえん	지원, 원조
27 **指摘** ⑬	してき	지적
28 **持参**	じさん	지참
29 **直ちに**	ただちに	곧, 즉각, 바로, 직접
30 **直に**	じかに	직접

💡 단어의 읽는 법과 의미를 외워 봅시다.

🔊 MP3 2-4-5

단 어	읽는법	의 미
01 振り返る	ふりかえる	뒤돌아보다, 회고하다
02 福祉 ⑰㉓	ふくし	복지(+施設 시설)
03 攻撃	こうげき	공격
04 迅速	じんそく	신속, 재빠름 (+な 한/+に 하게)
05 進出 ㉒	しんしゅつ	진출
06 質素	しっそ	검소(+だ 하다/+な 한)
07 呼吸	こきゅう	호흡
08 示唆	しさ	시사
09 後悔	こうかい	후회
10 差し支えない	さしつかえない	지장 없다, 괜찮다

💡 단어의 읽는 법과 의미를 외워 봅시다.

단 어	읽는법	의 미
11 構造	こうぞう	구조
12 至急 ⑪	しきゅう	시급히
13 参照 ⑯	さんしょう	참조
14 窓際	まどぎわ	창가
15 採用	さいよう	채용
16 悩ましい	なやましい	괴롭다, 관능적이다
17 行為	こうい	행위
18 責める ⑬	せめる	책망하다, 괴롭히다, 재촉하다
19 憲法	けんぽう	헌법
20 徐々に	じょじょに	서서히, 점차

💡 단어의 읽는 법과 의미를 외워 봅시다.

단 어	읽는법	의 미
21 経路	けいろ	경로
22 誇り	ほこり	자랑, 긍지, 명예로움 (=プライド)
23 清い	きよい	깨끗하다, 맑다
24 候補	こうほ	후보
25 閣僚	かくりょう	각료
26 切ない	せつない	애달프다, 안타깝다
27 焦る ⑩㉑	あせる	초조하게 굴다, 안달하다
28 不吉	ふきつ	불길(+だ 하다/+な 한)
29 焦点 ⑫	しょうてん	초점
30 吸収	きゅうしゅう	흡수

💡 단어의 읽는 법과 의미를 외워 봅시다.　　◀》MP3 2-4-6

단 어	읽는법	의 미
01 催す	もよおす	개최하다, 불러일으키다
02 催促 ⑬	さいそく	재촉
03 引退 ⑯⑳	いんたい	은퇴
04 潤す	うるおす	축축하게 하다, 윤택하게 하다
05 推理	すいり	추리
06 抽象的	ちゅうしょうてき	추상적 (+な 한/+に 하게)
07 抽選 ⑱	ちゅうせん	추첨
08 推進力	すいしんりょく	추진력
09 築く	きずく	쌓아 올리다, 구축하다
10 縮まる	ちぢまる	줄어들다, 오그라들다, (시간, 거리) 짧아지다

💡 단어의 읽는 법과 의미를 외워 봅시다.

단 어	읽는법	의 미
11 **あやふや**		불확실하고 애매모호한 모양
12 **獲得**	かくとく	획득
13 **実践** ⑳	じっせん	실천
14 **物騒**	ぶっそう	뒤숭숭하고 위험함 (+だ 하다/+な 한)
15 **好ましい**	このましい	마음에 들다, 호감 가다, 바람직하다
16 **取り掛かる**	とりかかる	착수하다, 시작하다 (=開始(かいし)する)
17 **取得**	しゅとく	취득
18 **弾む**	はずむ	튀다
19 **治まる**	おさまる	안정되다, (통증) 가라앉다
20 **治療** ⑯	ちりょう	치료

💡 단어의 읽는 법과 의미를 외워 봅시다.

단 어	읽는법	의 미
21 目新しい	めあたらしい	새롭다, 신기하다
22 濁る ⑮⑫	にごる	탁하게 되다, 흐려지다
23 奪う	うばう	빼앗다, (마음, 주의) 끌다
24 脱出	だっしゅつ	탈출
25 探る	さぐる	정탐하다, 찾다
26 損なう	そこなう	손상하다, 부수다, 해치다
27 統一	とういつ	통일
28 障る	さわる	방해되다, 지장이 있다
29 勘定	かんじょう	계산
30 措置	そち	조치

실력체크

💡 한 주 동안 외운 단어를 점검해 봅시다.

WEEK 04	학습 날짜	달성 목표	다시 한번 확인해야 하는 단어
DAY 1	___ / ___	30개 중___개 암기!	
DAY 2	___ / ___	30개 중___개 암기!	
DAY 3	___ / ___	30개 중___개 암기!	
DAY 4	___ / ___	30개 중___개 암기!	
DAY 5	___ / ___	30개 중___개 암기!	
DAY 6	___ / ___	30개 중___개 암기!	

✐ 단어의 읽는 법과 의미를 써 봅시다.

단 어			단 어		
☐ 緩やか	읽는법		☐ 遠慮	읽는법	
	의 미			의 미	
☐ 閑散	읽는법		☐ 特殊	읽는법	
	의 미			의 미	
☐ 廃止	읽는법		☐ 願望	읽는법	
	의 미			의 미	
☐ 緩和	읽는법		☐ もったいない	읽는법	
	의 미			의 미	
☐ 当てる	읽는법		☐ 授ける	읽는법	
	의 미			의 미	
☐ 要所	읽는법		☐ 危機感	읽는법	
	의 미			의 미	
☐ 一致	읽는법		☐ 幼い	읽는법	
	의 미			의 미	
☐ 容姿	읽는법		☐ 柔らかい	읽는법	
	의 미			의 미	
☐ 懐かしい	읽는법		☐ 魅力	읽는법	
	의 미			의 미	
☐ ありがち	읽는법		☐ 誘導	읽는법	
	의 미			의 미	
☐ 郵送	읽는법		☐ 有効	읽는법	
	의 미			의 미	
☐ 優秀	읽는법		☐ 幼児	읽는법	
	의 미			의 미	
☐ 見積もり	읽는법		☐ 柔軟	읽는법	
	의 미			의 미	
☐ 散る	읽는법		☐ 維持	읽는법	
	의 미			의 미	
☐ 運賃	읽는법		☐ 打ち消す	읽는법	
	의 미			의 미	

✎ 단어의 읽는 법과 의미를 써 봅시다.

단 어		
☐ 喧しい	읽는법	
	의 미	
☐ やむを得ない	읽는법	
	의 미	
☐ やがて	읽는법	
	의 미	
☐ わずか	읽는법	
	의 미	
☐ 幼稚	읽는법	
	의 미	
☐ 愉快	읽는법	
	의 미	
☐ 見逃す	읽는법	
	의 미	
☐ 穏やか	읽는법	
	의 미	
☐ みっともない	읽는법	
	의 미	
☐ 意図的	읽는법	
	의 미	
☐ 特徴	읽는법	
	의 미	
☐ 依然	읽는법	
	의 미	
☐ 生かす	읽는법	
	의 미	
☐ 潔い	읽는법	
	의 미	
☐ 引き受ける	읽는법	
	의 미	

단 어		
☐ 把握	읽는법	
	의 미	
☐ 認める	읽는법	
	의 미	
☐ 取り扱う	읽는법	
	의 미	
☐ 引用	읽는법	
	의 미	
☐ 営む	읽는법	
	의 미	
☐ 一見	읽는법	
	의 미	
☐ 一旦	읽는법	
	의 미	
☐ 即座に	읽는법	
	의 미	
☐ 一種	읽는법	
	의 미	
☐ 一層	읽는법	
	의 미	
☐ 任せる	읽는법	
	의 미	
☐ 忠実	읽는법	
	의 미	
☐ 更新	읽는법	
	의 미	
☐ 取り成す	읽는법	
	의 미	
☐ 自ら	읽는법	
	의 미	

✐ 단어의 읽는 법과 의미를 써 봅시다.

단 어			단 어		
☐ 刺激	읽는법		☐ 遭遇	읽는법	
	의 미			의 미	
☐ 豊富	읽는법		☐ 伝染	읽는법	
	의 미			의 미	
☐ 出鱈目	읽는법		☐ 前提	읽는법	
	의 미			의 미	
☐ 手入れ	읽는법		☐ 転換	읽는법	
	의 미			의 미	
☐ 心細い	읽는법		☐ 接触	읽는법	
	의 미			의 미	
☐ 障害	읽는법		☐ 着々	읽는법	
	의 미			의 미	
☐ 再び	읽는법		☐ 溢れる	읽는법	
	의 미			의 미	
☐ 褒める	읽는법		☐ 点検	읽는법	
	의 미			의 미	
☐ 訂正	읽는법		☐ 接する	읽는법	
	의 미			의 미	
☐ 争う	읽는법		☐ 着陸	읽는법	
	의 미			의 미	
☐ 狙う	읽는법		☐ ちやほや	읽는법	
	의 미			의 미	
☐ 抵抗	읽는법		☐ 頂上	읽는법	
	의 미			의 미	
☐ 適度	읽는법		☐ 情勢	읽는법	
	의 미			의 미	
☐ 装置	읽는법		☐ 手際	읽는법	
	의 미			의 미	
☐ 提供	읽는법		☐ だぶだぶ	읽는법	
	의 미			의 미	

単語の読む法と의미를 써 봅시다.

단 어		단 어	
□ 提示	읽는법 / 의 미	□ 淡い	읽는법 / 의 미
□ 製造	읽는법 / 의 미	□ 憎む	읽는법 / 의 미
□ 提出	읽는법 / 의 미	□ 追い越す	읽는법 / 의 미
□ 提携	읽는법 / 의 미	□ 志す	읽는법 / 의 미
□ 只	읽는법 / 의 미	□ 志願	읽는법 / 의 미
□ 照明	읽는법 / 의 미	□ 志望	읽는법 / 의 미
□ 大底	읽는법 / 의 미	□ 撮影	읽는법 / 의 미
□ 狡い	읽는법 / 의 미	□ 蓄積	읽는법 / 의 미
□ 組織	읽는법 / 의 미	□ 削減	읽는법 / 의 미
□ 種	읽는법 / 의 미	□ 地元	읽는법 / 의 미
□ 澄ます	읽는법 / 의 미	□ 支援	읽는법 / 의 미
□ 寿命	읽는법 / 의 미	□ 指摘	읽는법 / 의 미
□ 中継	읽는법 / 의 미	□ 持参	읽는법 / 의 미
□ 増やす	읽는법 / 의 미	□ 直ちに	읽는법 / 의 미
□ 症状	읽는법 / 의 미	□ 直に	읽는법 / 의 미

✍ 단어의 읽는 법과 의미를 써 봅시다.

단 어

□ 振り返る
읽는법
의 미

□ 福祉
읽는법
의 미

□ 攻撃
읽는법
의 미

□ 迅速
읽는법
의 미

□ 進出
읽는법
의 미

□ 質素
읽는법
의 미

□ 呼吸
읽는법
의 미

□ 示唆
읽는법
의 미

□ 後悔
읽는법
의 미

□ 差し支えない
읽는법
의 미

□ 構造
읽는법
의 미

□ 至急
읽는법
의 미

□ 参照
읽는법
의 미

□ 窓際
읽는법
의 미

□ 採用
읽는법
의 미

단 어

□ 悩ましい
읽는법
의 미

□ 行為
읽는법
의 미

□ 責める
읽는법
의 미

□ 憲法
읽는법
의 미

□ 徐々に
읽는법
의 미

□ 経路
읽는법
의 미

□ 誇り
읽는법
의 미

□ 清い
읽는법
의 미

□ 候補
읽는법
의 미

□ 閣僚
읽는법
의 미

□ 切ない
읽는법
의 미

□ 焦る
읽는법
의 미

□ 不吉
읽는법
의 미

□ 焦点
읽는법
의 미

□ 吸収
읽는법
의 미

✎ 단어의 읽는 법과 의미를 써 봅시다.

단 어		단 어	
□ 催す	읽는법 의 미	□ 取り掛かる	읽는법 의 미
□ 催促	읽는법 의 미	□ 取得	읽는법 의 미
□ 引退	읽는법 의 미	□ 弾む	읽는법 의 미
□ 潤す	읽는법 의 미	□ 治まる	읽는법 의 미
□ 推理	읽는법 의 미	□ 治療	읽는법 의 미
□ 抽象的	읽는법 의 미	□ 目新しい	읽는법 의 미
□ 抽選	읽는법 의 미	□ 濁る	읽는법 의 미
□ 推進力	읽는법 의 미	□ 奪う	읽는법 의 미
□ 築く	읽는법 의 미	□ 脱出	읽는법 의 미
□ 縮まる	읽는법 의 미	□ 探る	읽는법 의 미
□ あやふや	읽는법 의 미	□ 損なう	읽는법 의 미
□ 獲得	읽는법 의 미	□ 統一	읽는법 의 미
□ 実践	읽는법 의 미	□ 障る	읽는법 의 미
□ 物騒	읽는법 의 미	□ 勘定	읽는법 의 미
□ 好ましい	읽는법 의 미	□ 措置	읽는법 의 미

✍ 실제 시험유형과 비슷한 문제를 통해 복습해 봅시다.

1 ＿＿의 단어의 읽는 법으로 가장 적당한 것을 ①, ②, ③, ④에서 하나 고르세요.

1) <u>幼稚</u>な文章を書くのはやめてください。 유치한 글을 쓰는 것은 그만두세요.

　① ゆうち　　　　② ようし　　　　③ ようち　　　　④ ゆうし

2) 鈴木さんからいい<u>刺激</u>を受けました。 스즈키 씨에게 좋은 자극을 받았습니다.

　① さげき　　　　② さてき　　　　③ しげき　　　　④ してき

3) 話題の<u>焦点</u>がぼやけてしまいました。 화제의 초점이 흐려져 버렸습니다.

　① しょうてん　　② しゅうてん　　③ じょうてん　　④ じゅうてん

2 ＿＿의 단어를 한자로 쓸 때 가장 적당한 것을 ①, ②, ③, ④에서 하나 고르세요.

1) 家にはまだ<u>おさない</u>子供がいます。 집에는 아직 어린 아이가 있습니다.

　① 危ない　　　　② 少ない　　　　③ 偉い　　　　　④ 幼い

2) 本日お配りした資料もぜひご<u>さんしょう</u>ください。

오늘 나눠 드린 자료도 꼭 참조해 주세요.

　① 賛照　　　　　② 参照　　　　　③ 賛考　　　　　④ 参考

3) 田中さんの作品には<u>とくちょう</u>がある。

다나카 씨의 작품에는 특징이 있다.

　① 特微　　　　　② 特徴　　　　　③ 特張　　　　　④ 特懲

3 ( )에 들어갈 것으로 가장 적당한 것을 ①, ②, ③, ④에서 하나 고르세요.

1) 彼女は何をするにも(　)がよくてみんなに好かれている。

그녀는 무엇을 하든지 솜씨가 좋아서 모두가 좋아하고 있다.

①閑散　　　　②手際　　　　③地味　　　　④緩和

2) 販売機械に異常がないか、定期的に(　)を行っています。

판매기계에 이상이 없는지 정기적으로 점검을 실시하고 있습니다.

①参観　　　　②検診　　　　③観測　　　　④点検

3) 雨が続いたせいか、川の水が(　)いる。

비가 계속된 탓인지 강물이 흐려졌다.

①濁って　　　　②探って　　　　③縮まって　　　　④責めて

4) 童謡を歌っていたら(　)気持ちになった。

동요를 부르고 있었더니 그리운 기분이 들었다.

①柔らかい　　　　②淡い　　　　③懐かしい　　　　④目新しい

정답

1 1) ③ 2) ③ 3) ①
2 1) ④ 2) ③ 3) ②
3 1) ② 2) ④ 3) ① 4) ③

진짜 한 권으로 끝내는

나루미 · 시원스쿨어학연구소 지음

JLPT 기출단어장

N1

Ⓢ 시원스쿨닷컴

WEEK 01

1주째

よっし、
やってみようぜ！

DAY 1

1회 2회 3회

💡 단어의 읽는 법과 의미를 외워 봅시다.

🔊 MP3 3-1-1

단 어	읽는법	의 미
01 濫用	らんよう	남용
02 育む	はぐくむ	기르다, 키우다
03 暴く	あばく	파헤치다, 폭로하다
04 大らか ⑮	おおらか	느긋함, 대범함 (+だ하다/+な 한)
05 斡旋	あっせん	알선
06 丘陵 ⑱	きゅうりょう	구릉, 언덕
07 飽きる	あきる	싫증나다, 물리다
08 強ちに	あながちに	적극적으로, 억지로
09 搭載	とうさい	탑재(선박, 비행기, 화차에 물건을 실음)
10 安泰	あんたい	안태(평안하고 무사함) (+だ하다/+な 한)

💡 단어의 읽는 법과 의미를 외워 봅시다.

단 어	읽는법	의 미
11 粋	いき	(태도, 옷차림) 세련됨 (+だ 하다/+な 한)
12 憎しみ	にくしみ	미움, 증오
13 反復	はんぷく	반복
14 慌ただしい	あわただしい	어수선하다, 분주하다
15 飛躍	ひやく	비약
16 未だに	いまだに	아직도
17 一律に ⑭	いちりつに	일률적으로
18 敢えて	あえて	일부러, 굳이, 그다지
19 愕然と	がくぜんと	악연히(깜짝 놀람)
20 頻りに ⑫	しきりに	자꾸만, 끊임없이, 몹시

💡 단어의 읽는 법과 의미를 외워 봅시다.

단 어	읽는법	의 미
21 **染みる** ⑯	しみる	스며들다, 배다
22 **寄贈**	きぞう	기증
23 **呟く**	つぶやく	중얼거리다, 투덜대다
24 **惑わされる**	まどわされる	혼란되다, 현혹되다
25 **幾多**	いくた	수많이
26 **留める**	とどめる	멈추다, 만류하다, 남기다
27 **合唱**	がっしょう	합창
28 **憩い**	いこい	휴식
29 **ありきたり**		흔함, 평범함 (+だ 하다/+な 한)
30 **壮大** ⑲	そうだい	장대(+だ 하다/+な 한)

DAY 2

1회 2회 3회

💡 단어의 읽는 법과 의미를 외워 봅시다.

🔊 MP3 3-1-2

단 어	읽는법	의 미
01 うなずく		수긍하다, 끄덕이다
02 浜辺	はまべ	바닷가, 해변
03 熱湯	ねっとう	열탕, 뜨거운 물
04 勇敢 ㉒	ゆうかん	용감(+な 한/+に 하게)
05 生い立ち	おいたち	성장, 자람
06 窮屈	きゅうくつ	거북함, 답답함 (+だ 하다/+な 한)
07 閉鎖	へいさ	폐쇄
08 喚起	かんき	환기 (여론, 주의를 일으킴)
09 換算	かんさん	환산
10 督促 ⑭	とくそく	독촉

💡 단어의 읽는 법과 의미를 외워 봅시다.

단 어	읽는법	의 미
11 棄権	きけん	기권
12 強硬 ⑬	きょうこう	강경(+な 한/+に 하게)
13 失墜	しっつい	실추
14 賄う	まかなう	조달하다, 꾸려 가다
15 懐く	なつく	따르다, 좇다
16 会得	えとく	터득
17 追い出す	おいだす	쫓아내다
18 会釈	えしゃく	가벼운 인사(=おじぎ) (+交わす 주고받다)
19 驚愕	きょうがく	경악
20 横柄	おうへい	건방짐, 무례함 (+な 한/+に 하게)

💡 단어의 읽는 법과 의미를 외워 봅시다.

단 어	읽는법	의 미
21 横着	おうちゃく	교활함, 게으름 (+だ 하다/+な 한)
22 仰天 ⑬	ぎょうてん	몹시 놀람, 기겁을 함
23 輝かしい	かがやかしい	빛나다, 훌륭하다
24 際立つ	きわだつ	뛰어나다, 두드러지다
25 起訴	きそ	기소
26 駆使 ⑭	くし	구사
27 恰幅	かっぷく	풍채, 몸매
28 由緒 ⑫	ゆいしょ	유서, 내력
29 希薄	きはく	희박(+だ 하다/+な 한)
30 くよくよ ⑮		끙끙거리며 걱정하는 모양

DAY 3

1회 2회 3회

💡 단어의 읽는 법과 의미를 외워 봅시다.

🔊 MP3 3-1-3

단 어	읽는법	의 미
01 **思索**	しさく	사색
02 **渇望**	かつぼう	갈망, 열망
03 **割り勘**	わりかん	각자 부담
04 **漂う** ⑭	ただよう	떠돌다, 감돌다
05 **懸念** ㉓	けねん	걱정
06 **雄大**	ゆうだい	웅대(+だ 하다/+な 한)
07 **婉曲**	えんきょく	완곡(+な 한/+に 하게)
08 **披露**	ひろう	피로, 공표, 보여줌
09 **滑稽**	こっけい	골계, 우스꽝스러움 (+な 한/+に 하게)
10 **幸い**	さいわい	다행, 행복함 (+な 한/+に 하게)

1주째 **239**

💡 단어의 읽는 법과 의미를 외워 봅시다.

단 어	읽는법	의 미
11 装う	よそおう	꾸미다, 치장하다
12 ことごとく ⑬		전부, 모두, 모조리
13 おっかない		무섭다, 두렵다
14 厳か	おごそか	엄숙함 (+な 한/+に 하게)
15 嘆く	なげく	한탄하다, 분개하다
16 暴露 ⑰	ばくろ	폭로
17 疎か	おろそか	소홀함, 부주의함 (+な 한/+に 하게)
18 忍耐 ⑱	にんたい	인내
19 霞む	かすむ	흐릿하게 보이다
20 施す	ほどこす	베풀다, 시행하다

💡 단어의 읽는 법과 의미를 외워 봅시다.

단 어	읽는법	의 미
21 陥る	おちいる	빠지다
22 熱烈	ねつれつ	열렬(+な 한/+に 하게)
23 合致 ⑬	がっち	합치
24 鮮烈	せんれつ	선명하고 강렬함 (+な 한/+に 하게)
25 解釈	かいしゃく	해석
26 謝罪	しゃざい	사죄
27 停滞	ていたい	정체
28 罠	わな	덫, 함정, 계략
29 快晴	かいせい	쾌청
30 挟む	はさむ	사이에 끼우다

DAY 4

💡 단어의 읽는 법과 의미를 외워 봅시다.

🔊 MP3 3-1-4

단 어	읽는법	의 미
01 **類推**	るいすい	유추
02 **心無い**	こころない	생각이 없다, 매정하다
03 **託する** ⑰	たくする	(남에게) 맡기다, 구실 삼다
04 **従事** ⑲	じゅうじ	종사
05 **募る** ⑱	つのる	모으다, 심해지다
06 **痛感**	つうかん	통감(마음에 사무치게 느낌)
07 **怠る** ⑫⑰	おこたる	게을리 하다, 소홀히 하다(=怠ける)
08 **暴れる**	あばれる	난폭하게 굴다
09 **退く** ⑯	しりぞく	물러나다
10 **あざ笑う**	あざわらう	비웃다, 조소하다

💡 단어의 읽는 법과 의미를 외워 봅시다.

단 어	읽는법	의 미
11 架空	かくう	가공
12 便り	たより	소식
13 お手上げ	おてあげ	손듦, 속수무책
14 隔週	かくしゅう	격주
15 匿う	かくまう	숨겨 두다, 은닉하다
16 誂える	あつらえる	주문하다, 맞추다
17 打診 ⑰	だしん	타진 (타인의 의중을 알아봄)
18 妥協 ⑫	だきょう	타협
19 濁り	にごり	탁함, 더러움
20 精密	せいみつ	정밀(+な 한/+に 하게)

💡 단어의 읽는 법과 의미를 외워 봅시다.

단 어	읽는법	의 미
21 脱退	だったい	탈퇴
22 探り	さぐり	탐색, 의중을 떠봄
23 搭乗	とうじょう	탑승
24 怠慢	たいまん	태만(+だ 하다/+な 한)
25 痛切	つうせつ	통절(사무치게 절실함) (+だ 하다/+な 한)
26 透かし	すかし	틈새, 비침
27 破棄	はき	파기
28 甚だ	はなはだ	매우, 몹시, 심히
29 敗北	はいぼく	패배
30 廃棄	はいき	폐기

💡 단어의 읽는 법과 의미를 외워 봅시다.   🔊 MP3 3-1-5

단 어	읽는법	의 미
01 庇う ⑬	かばう	감싸다, 비호하다
02 絡む	からむ	얽히다, 시비 걸다
03 響く	ひびく	울리다, 여운을 남기다
04 取り寄せる	とりよせる	가까이 끌어당기다, (주문해서) 가져오다
05 ぎっしり		빼곡히 가득찬 모양
06 手こずる	てこずる	어찌할 바를 모르다, 애먹다
07 悲鳴	ひめい	비명
08 ギャップ		간격, 차이(=差)
09 祈願	きがん	기원
10 取り締まる	とりしまる	단속하다, 관리 감독하다

💡 단어의 읽는 법과 의미를 외워 봅시다.

단 어	읽는법	의 미
11 弄る	いじる	만지다, 주무르다, (제도, 개혁) 손대다
12 出くわす	でくわす	맞닥뜨리다
13 カンパ		모금, 헌금
14 脆い ㉓	もろい	무르다, 약하다
15 快い	こころよい	상쾌하다, 호의적이다
16 押し切る	おしきる	눌러 자르다, 강행하다, 무릅쓰다
17 出来心	できごころ	우발적으로 일어나는 나쁜 생각
18 蓄え	たくわえ	저금, 저장
19 打ち切る	うちきる	중단하다, 자르다
20 恐れ入る	おそれいる	송구스러워하다, 항복하다

💡 단어의 읽는 법과 의미를 외워 봅시다.

단 어	읽는법	의 미
21 忠告 ㉒	ちゅうこく	충고
22 弁解 ⑮	べんかい	변명(=言_いい訳_{わけ})
23 趣旨 ⑬	しゅし	취지
24 趣向	しゅこう	취향
25 侵す	おかす	침범하다, 침해하다
26 快諾	かいだく	쾌락(요청을 기꺼이 들어줌) (+得る 얻다)
27 打撃	だげき	타격
28 妥結	だけつ	타결
29 趣	おもむき	정취, 느낌, 취지
30 自ずから	おのずから	저절로, 자연히

💡 단어의 읽는 법과 의미를 외워 봅시다.

🔊 MP3 3-1-6

단 어	읽는법	의 미
01 貫禄	かんろく	관록
02 境内	けいだい	경내(신사, 사찰)
03 追及	ついきゅう	추궁
04 キレる		몹시 화가 나다, 열 받다
05 危害	きがい	위해(+加える 가하다)
06 こだわる		구애되다
07 ご機嫌斜め	ごきげんななめ	기분이 나쁜 모양, 불쾌한 모양
08 着飾る	きかざる	치장하다
09 折衷	せっちゅう	절충
10 ざあざあ		비가 몹시 내리는 모양

💡 단어의 읽는 법과 의미를 외워 봅시다.

단 어	읽는법	의 미
11 飢饉	ききん	기근
12 コネ		연줄 (コネクション의 준말)
13 滞る ⑱	とどこおる	정체되다, 밀리다
14 初耳	はつみみ	처음 듣는 일
15 気立て	きだて	마음씨, 심지
16 清算	せいさん	청산(깨끗이 씻어 냄)
17 締結	ていけつ	체결(+される 되다)
18 貶す	けなす	헐뜯다, 비방하다
19 滞在	たいざい	체재, 체류
20 逮捕	たいほ	체포

💡 단어의 읽는 법과 의미를 외워 봅시다.

단 어	읽는법	의 미
21 招致	しょうち	초치(초청하여 오게 함)
22 触発 ⑫㉒	しょくはつ	촉발(+される 되다)
23 促進	そくしん	촉진
24 墜落	ついらく	추락
25 朽ち果てる	くちはてる	보람없이 죽다, 헛되이 죽다
26 抽象	ちゅうしょう	추상
27 趨勢	すうせい	추세, 경향
28 巧み ⑱	たくみ	교묘함, 능숙함 (+な 한/+に 하게)
29 童謡	どうよう	동요
30 腐敗	ふはい	부패

실력체크

💡 한 주 동안 외운 단어를 점검해 봅시다.

WEEK 01	학습 날짜	달성 목표	다시 한번 확인해야 하는 단어
DAY 1	___ / ___	30개 중 ___ 개 암기!	
DAY 2	___ / ___	30개 중 ___ 개 암기!	
DAY 3	___ / ___	30개 중 ___ 개 암기!	
DAY 4	___ / ___	30개 중 ___ 개 암기!	
DAY 5	___ / ___	30개 중 ___ 개 암기!	
DAY 6	___ / ___	30개 중 ___ 개 암기!	

✏️ 단어의 읽는 법과 의미를 써 봅시다.

단 어

☐ 濫用
読む법 _____
의 미 _____

☐ 育む
読む법 _____
의 미 _____

☐ 暴く
読む법 _____
의 미 _____

☐ 大らか
読む법 _____
의 미 _____

☐ 斡旋
読む법 _____
의 미 _____

☐ 丘陵
読む법 _____
의 미 _____

☐ 飽きる
読む법 _____
의 미 _____

☐ 強ちに
読む법 _____
의 미 _____

☐ 搭載
読む법 _____
의 미 _____

☐ 安泰
読む법 _____
의 미 _____

☐ 粋
読む법 _____
의 미 _____

☐ 憎しみ
読む법 _____
의 미 _____

☐ 反復
読む법 _____
의 미 _____

☐ 慌ただしい
読む법 _____
의 미 _____

☐ 飛躍
読む법 _____
의 미 _____

단 어

☐ 未だに
読む법 _____
의 미 _____

☐ 一律に
読む법 _____
의 미 _____

☐ 敢えて
読む법 _____
의 미 _____

☐ 愕然と
読む법 _____
의 미 _____

☐ 頻りに
読む법 _____
의 미 _____

☐ 染みる
読む법 _____
의 미 _____

☐ 寄贈
読む법 _____
의 미 _____

☐ 呟く
読む법 _____
의 미 _____

☐ 惑わされる
読む법 _____
의 미 _____

☐ 幾多
読む법 _____
의 미 _____

☐ 留める
読む법 _____
의 미 _____

☐ 合唱
読む법 _____
의 미 _____

☐ 憩い
読む법 _____
의 미 _____

☐ ありきたり
読む법 _____
의 미 _____

☐ 壮大
読む법 _____
의 미 _____

✐ 단어의 읽는 법과 의미를 써 봅시다.

단 어

□ うなずく
읽는법
의 미

□ 浜辺
읽는법
의 미

□ 熱湯
읽는법
의 미

□ 勇敢
읽는법
의 미

□ 生い立ち
읽는법
의 미

□ 窮屈
읽는법
의 미

□ 閉鎖
읽는법
의 미

□ 喚起
읽는법
의 미

□ 換算
읽는법
의 미

□ 督促
읽는법
의 미

□ 棄権
읽는법
의 미

□ 強硬
읽는법
의 미

□ 失墜
읽는법
의 미

□ 賄う
읽는법
의 미

□ 懐く
읽는법
의 미

단 어

□ 会得
읽는법
의 미

□ 追い出す
읽는법
의 미

□ 会釈
읽는법
의 미

□ 驚愕
읽는법
의 미

□ 横柄
읽는법
의 미

□ 横着
읽는법
의 미

□ 仰天
읽는법
의 미

□ 輝かしい
읽는법
의 미

□ 際立つ
읽는법
의 미

□ 起訴
읽는법
의 미

□ 駆使
읽는법
의 미

□ 恰幅
읽는법
의 미

□ 由緒
읽는법
의 미

□ 希薄
읽는법
의 미

□ くよくよ
읽는법
의 미

✍ 단어의 읽는 법과 의미를 써 봅시다.

단 어	읽는법 / 의 미	단 어	읽는법 / 의 미
□ 思索	읽는법 / 의 미	□ 暴露	읽는법 / 의 미
□ 渇望	읽는법 / 의 미	□ 疎か	읽는법 / 의 미
□ 割り勘	읽는법 / 의 미	□ 忍耐	읽는법 / 의 미
□ 漂う	읽는법 / 의 미	□ 霞む	읽는법 / 의 미
□ 懸念	읽는법 / 의 미	□ 施す	읽는법 / 의 미
□ 雄大	읽는법 / 의 미	□ 陥る	읽는법 / 의 미
□ 婉曲	읽는법 / 의 미	□ 熱烈	읽는법 / 의 미
□ 披露	읽는법 / 의 미	□ 合致	읽는법 / 의 미
□ 滑稽	읽는법 / 의 미	□ 鮮烈	읽는법 / 의 미
□ 幸い	읽는법 / 의 미	□ 解釈	읽는법 / 의 미
□ 装う	읽는법 / 의 미	□ 謝罪	읽는법 / 의 미
□ ことごとく	읽는법 / 의 미	□ 停滞	읽는법 / 의 미
□ おっかない	읽는법 / 의 미	□ 罠	읽는법 / 의 미
□ 厳か	읽는법 / 의 미	□ 快晴	읽는법 / 의 미
□ 嘆く	읽는법 / 의 미	□ 挟む	읽는법 / 의 미

✐ 단어의 읽는 법과 의미를 써 봅시다.

단 어			단 어		
☐ 類推	읽는법		☐ 眺める	읽는법	
	의 미			의 미	
☐ 心無い	읽는법		☐ 打診	읽는법	
	의 미			의 미	
☐ 託する	읽는법		☐ 妥協	읽는법	
	의 미			의 미	
☐ 従事	읽는법		☐ 濁り	읽는법	
	의 미			의 미	
☐ 募る	읽는법		☐ 精密	읽는법	
	의 미			의 미	
☐ 痛感	읽는법		☐ 脱退	읽는법	
	의 미			의 미	
☐ 怠る	읽는법		☐ 探り	읽는법	
	의 미			의 미	
☐ 暴れる	읽는법		☐ 搭乗	읽는법	
	의 미			의 미	
☐ 退く	읽는법		☐ 怠慢	읽는법	
	의 미			의 미	
☐ あざ笑う	읽는법		☐ 痛切	읽는법	
	의 미			의 미	
☐ 架空	읽는법		☐ 透かし	읽는법	
	의 미			의 미	
☐ 便り	읽는법		☐ 破棄	읽는법	
	의 미			의 미	
☐ お手上げ	읽는법		☐ 甚だ	읽는법	
	의 미			의 미	
☐ 隔週	읽는법		☐ 敗北	읽는법	
	의 미			의 미	
☐ 匿う	읽는법		☐ 廃棄	읽는법	
	의 미			의 미	

✎ 단어의 읽는 법과 의미를 써 봅시다.

단 어		단 어	
□ 庇う	읽는법	□ 押し切る	읽는법
	의 미		의 미
□ 絡む	읽는법	□ 出来心	읽는법
	의 미		의 미
□ 響く	읽는법	□ 蓄え	읽는법
	의 미		의 미
□ 取り寄せる	읽는법	□ 打ち切る	읽는법
	의 미		의 미
□ ぎっしり	읽는법	□ 恐れ入る	읽는법
	의 미		의 미
□ 手こずる	읽는법	□ 忠告	읽는법
	의 미		의 미
□ 悲鳴	읽는법	□ 弁解	읽는법
	의 미		의 미
□ ギャップ	읽는법	□ 趣旨	읽는법
	의 미		의 미
□ 祈願	읽는법	□ 趣向	읽는법
	의 미		의 미
□ 取り締まる	읽는법	□ 侵す	읽는법
	의 미		의 미
□ 弄る	읽는법	□ 快諾	읽는법
	의 미		의 미
□ 出くわす	읽는법	□ 打撃	읽는법
	의 미		의 미
□ カンパ	읽는법	□ 妥結	읽는법
	의 미		의 미
□ 脆い	읽는법	□ 趣	읽는법
	의 미		의 미
□ 快い	읽는법	□ 自ずから	읽는법
	의 미		의 미

✎ 단어의 읽는 법과 의미를 써 봅시다.

단 어

단어	읽는법 / 의미
☐ 貫禄	읽는법 / 의 미
☐ 境内	읽는법 / 의 미
☐ 追及	읽는법 / 의 미
☐ キレる	읽는법 / 의 미
☐ 危害	읽는법 / 의 미
☐ こだわる	읽는법 / 의 미
☐ ご機嫌斜め	읽는법 / 의 미
☐ 着飾る	읽는법 / 의 미
☐ 折衷	읽는법 / 의 미
☐ ざあざあ	읽는법 / 의 미
☐ 飢饉	읽는법 / 의 미
☐ コネ	읽는법 / 의 미
☐ 滞る	읽는법 / 의 미
☐ 初耳	읽는법 / 의 미
☐ 気立て	읽는법 / 의 미

단 어

단어	읽는법 / 의미
☐ 清算	읽는법 / 의 미
☐ 締結	읽는법 / 의 미
☐ 貶す	읽는법 / 의 미
☐ 滞在	읽는법 / 의 미
☐ 逮捕	읽는법 / 의 미
☐ 招致	읽는법 / 의 미
☐ 触発	읽는법 / 의 미
☐ 促進	읽는법 / 의 미
☐ 墜落	읽는법 / 의 미
☐ 朽ち果てる	읽는법 / 의 미
☐ 抽象	읽는법 / 의 미
☐ 趨勢	읽는법 / 의 미
☐ 巧み	읽는법 / 의 미
☐ 童謡	읽는법 / 의 미
☐ 腐敗	읽는법 / 의 미

✍ 실제 시험유형과 비슷한 문제를 통해 복습해 봅시다.

1 ____의 단어의 읽는 법으로 가장 적당한 것을 ①, ②, ③, ④에서 하나 고르세요.

1) <u>丘陵</u>を切り開いて住宅地にした。 구릉을 개척하여 주택지로 만들었다.

① しゅうりょう　② きゅうりょう　③ しゅうろう　　④ きゅうろう

2) 町で知らない人に<u>絡まれて</u>大変だった。

동네에서 모르는 사람이 시비를 걸어서 힘들었다.

① からまれて　　② にらまれて　③ はばまれて　　④ こばまれて

3) 今度のプロジェクトの<u>趣旨</u>を説明してください。

이번 프로젝트의 취지를 설명해 주세요.

① しゅし　　　② すうじ　　　③ しゅうし　　④ さしず

2 ____의 단어를 한자로 쓸 때 가장 적당한 것을 ①, ②, ③, ④에서 하나 고르세요.

1) 権力の<u>らんよう</u>は許せません。 권력의 남용은 용납할 수 없습니다.

① 監用　　　　② 監要　　　　③ 濫要　　　　④ 濫用

2) 何があったのか、馬が<u>あばれて</u>いた。 무슨 일이 있었는지 말이 날뛰고 있었다.

① 妨れて　　　② 荒れて　　　③ 暴れて　　　④ 奮れて

3) 交通違反を厳重に<u>とりしまる</u>ということです。

교통위반을 엄중하게 단속한다는 이야기입니다.

① 取り閉まる　② 取り締まる　③ 取り縛まる　④ 取り絞まる

3 ( )에 들어갈 것으로 가장 적당한 것을 ①, ②, ③, ④에서 하나 고르세요.

1) 山頂から見た町全体の姿は実に( )であった。

산 정상에서 본 마을 전체의 모습은 실로 장대했다.

① 多大   ② 膨大   ③ 壮大   ④ 盛大

2) 彼女は一人でずっと( )いたので、話しかけられなかった。

그녀는 혼자서 계속 중얼거렸기 때문에 말을 걸 수 없었다.

① おぼれて   ② ごだわって   ③ なぐさめて   ④ つぶやいて

3) 今後新しく姿を見せる飛行機Air5007は新型エンジンを( )したものです。

향후 새롭게 모습을 보일 비행기 Air 5007은 신형 엔진을 탑재한 것입니다.

① 搭載   ② 登載   ③ 艦載   ④ 喚起

4) 部長の話を聞き、友人は( )うなずきをしていた。

부장님의 이야기를 듣고 친구는 계속 고개를 끄덕이고 있었다.

① しきりに   ② さいわいに   ③ さぐりに   ④ にごりに

정답

1   1) ② 2) ① 3) ①

2   1) ④ 2) ③ 3) ②

3   1) ③ 2) ④ 3) ① 4) ①

WEEK 02

2 주 째

めんどくせー。
今週はパス！

DAY 1

1회 2회 3회

💡 단어의 읽는 법과 의미를 외워 봅시다.

🔊 MP3 3-2-1

단 어	읽는법	의 미
01 清らか	きよらか	맑음, 깨끗함 (+だ 하다/+な 한)
02 世論	せろん	여론
03 裂く	さく	찢다, 쪼개다
04 捗る	はかどる	순조롭다, 진척되다
05 持て成す	もてなす	대접하다
06 辿る ⑭	たどる	더듬어 가다, 다다르다
07 心掛ける	こころがける	항상 주의하다, 유의하다
08 集い	つどい	모임
09 籠る	こもる	(기체) 가득차다, (감정) 깃들다
10 即刻	そっこく	즉각, 곧(=直ちに)

2주째 **261**

💡 단어의 읽는 법과 의미를 외워 봅시다.

단 어	읽는법	의 미
11 指図 ⑰	さしず	지시
12 束ねる	たばねる	한데 묶다, 통솔하다
13 賜る	たまわる	윗사람에게 받다, 내려 주시다
14 知恵	ちえ	지혜
15 束の間	つかのま	잠깐 동안, 순간
16 真摯	しんし	진지(=真面目^{まじめ}) (+な 한/+に 하게)
17 狂う	くるう	미치다, 지나치게 열중 하다, 틀어지다
18 嫉妬	しっと	질투
19 禁物 ⑲	きんもつ	금물
20 執着	しゅうちゃく	집착

💡 단어의 읽는 법과 의미를 외워 봅시다.

단 어	읽는법	의 미
21 懲りる	こりる	질리다
22 徴収	ちょうしゅう	징수
23 辻褄	つじつま	이치, 조리, 계산
24 遮断 ⑱㉒	しゃだん	차단
25 錯覚 ⑮㉑	さっかく	착각
26 手掛ける	てがける	직접 다루다, 보살피다
27 出直し	でなおし	처음부터 다시 함
28 撤去	てっきょ	철거
29 徹底	てってい	철저
30 撤回 ⑰	てっかい	철회

 **DAY 2**

💡 단어의 읽는 법과 의미를 외워 봅시다.

🔊 MP3 3-2-2

단 어	읽는법	의 미
01 サボる		게으름 피우다
02 透かさず	すかさず	곧, 즉각, 빈틈없이
03 じめじめ ⑬		축축하게 습기찬 모양, 음침한 모양
04 途絶える	とだえる	끊어지다, 두절되다
05 操る	あやつる	다루다, 조종하다
06 調える	ととのえる	마련하다, 성립시키다
07 終盤	しゅうばん	종반, 막바지
08 シック		멋짐, 세련됨 (+だ 하다/+な 한)
09 咄嗟	とっさ	순간, 눈 깜짝할 사이, 돌연
10 裁く	さばく	중재하다, 재판하다

💡 단어의 읽는 법과 의미를 외워 봅시다.

단 어	읽는법	의 미
11 阻む ㉒	はばむ	방해하다, 저지하다
12 些細 ⑯	ささい	사소함, 하찮음 (+だ 하다/+な 한)
13 即ち	すなわち	즉
14 枠内	わくない	범위 내
15 奏でる	かなでる	연주하다
16 乗っ取る	のっとる	납치하다, 빼앗다
17 駐輪	ちゅうりん	자전거를 세워 둠
18 阻止	そし	저지
19 惚ける	とぼける	정신 나가다, 시치미 떼다
20 月並	つきなみ	평범함, 진부함 (+だ 하다/+な 한)

💡 단어의 읽는 법과 의미를 외워 봅시다.

단 어	읽는법	의 미
21 **取り分け** ⑬	とりわけ	특히, 유난히(=ことに)
22 **体裁**	ていさい	체재, 외관, 형식
23 **嘗める**	なめる	핥다, 맛보다, 깔보다
24 **根回し**	ねまわし	사전 교섭
25 **逸材** ⑪	いつざい	일재(뛰어난 재능, 인재)
26 **駐在**	ちゅうざい	주재
27 **戸惑う** ⑯	とまどう	어리둥절하다, 망설이다
28 **重複** ⑰	ちょうふく, じゅうふく	중복
29 **しょげる**		풀이 죽다, 기가 죽다
30 **目論見**	もくろみ	계획, 의도

DAY 3

💡 단어의 읽는 법과 의미를 외워 봅시다.　🔊 MP3 3-2-3

단 어	읽는법	의 미
01 注ぐ	そそぐ	쏟다, 쏟아지다
02 適宜	てきぎ	적당함, 적절함 (+な 한/+に 하게)
03 ときめかす		(기쁨이나 기대 따위로) 설레다
04 搬送	はんそう	반송(화물을 옮겨 보냄)
05 斬新	ざんしん	참신(+だ 하다/+な 한)
06 転じる	てんじる	(화제) 바꾸다, 돌리다
07 多岐 ⑯	たき	여러 갈래로 갈려 복잡함(+な 한/+に 하게)
08 粘り	ねばり	끈기
09 引っ掛ける	ひっかける	걸다, 걸치다, 부딪치다
10 デリケート		섬세함(=繊細せんさい), 미묘함 (+だ 하다/+な 한)

💡 단어의 읽는 법과 의미를 외워 봅시다.

단 어	읽는법	의 미
11 **恨む**	うらむ	원망하다
12 **唱える** ⑮	となえる	큰 소리로 외치다, 주장하다
13 **気兼ね**	きがね	사양, 어렵게 여김
14 **徹夜**	てつや	철야, 밤새움
15 **満悦**	まんえつ	만족하여 기뻐함
16 **自賛**	じさん	자찬, 자랑
17 **奨励**	しょうれい	장려
18 **ときめく**		두근거리다, 설레다
19 **軽快** ㉒	けいかい	경쾌(+だ 하다/+な 한)
20 **低迷**	ていめい	저미 (심상치 않은 기운이 돎)

💡 단어의 읽는 법과 의미를 외워 봅시다.

단 어	읽는법	의 미
21 積み立てる	つみたてる	적금하다, 적립하다
22 うつ伏せる	うつぶせる	엎드리다
23 伝承	でんしょう	전승
24 暇	いとま	틈, 짬, 휴가, 해고시킴
25 企てる	くわだてる	기도하다, 계획하다
26 絶賛	ぜっさん	절찬(+される 받다)
27 裁き	さばき	중재, 재판, 심판
28 称える ⑰	たたえる	찬양하다, 칭송하다
29 偏り	かたより	치우침, 편향
30 ちんぷんかんぷん		횡설수설, 종잡을 수 없음 (+だ 하다/+な 한)

DAY 4

1회 2회 3회

💡 단어의 읽는 법과 의미를 외워 봅시다.

🔊 MP3 3-2-4

단 어	읽는법	의 미
01 差し当たり	さしあたり	당분간, 지금은
02 盛況	せいきょう	성황
03 前向き	まえむき	적극적, 앞을 향함
04 襲う	おそう	덮치다, 습격하다
05 ポテンシャル		가능성
06 凝る	こる	굳다, 열중하다, 공들이다
07 希	まれ	드묾(+な 한/+に 하게)
08 占領	せんりょう	점령
09 マンネリ		매너리즘 (マンネリズム의 준말)
10 へとへと		몹시 지쳐 피곤한 모양

💡 단어의 읽는 법과 의미를 외워 봅시다.

단 어	읽는법	의 미
11 **ふらりと**		불쑥, 훌쩍 (+現れる 나타나다)
12 **片寄る**	かたよる	(한쪽으로) 치우치다
13 **凝らす**	こらす	엉기게 하다, (마음, 눈) 한 곳에 집중시키다
14 **穏便**	おんびん	온당하고 원만함 (+だ 하다/+な 한)
15 **融通**	ゆうずう	(돈) 융통, 융통성(+利く 있다)
16 **平たい**	ひらたい	평평하다, 평탄하다
17 **ありありと** ⑱		뚜렷이, 생생히
18 **ばらまく**		흩어 뿌리다
19 **ひっそり**		죽은 듯이 조용한 모양, 몰래하는 모양
20 **振舞い**	ふるまい	행동

💡 단어의 읽는 법과 의미를 외워 봅시다.

단어	읽는법	의미
21 ブレイク		짧은 휴식, 히트(대박)
22 旦那	だんな	남편
23 吟味	ぎんみ	음미
24 凝縮 ⑭	ぎょうしゅく	응축
25 皮肉	ひにく	빈정거림 (+な 한/+に 하게)
26 隔たる	へだたる	(공간) 떨어지다, (세월) 경과하다
27 日頃	ひごろ	평상시, 늘
28 枠 ⑫	わく	테두리, 범위, 틀
29 やんわりと ⑩		살며시, 부드럽게 (+断る 거절하다)
30 逸脱 ⑰	いつだつ	일탈

💡 단어의 읽는 법과 의미를 외워 봅시다.

 🔊 MP3 3-2-5

단 어	읽는법	의 미
01 専ら ⑰	もっぱら	오로지, 한결같이 (=一筋に)
02 倣う	ならう	따르다, 모방하다 (=真似る)
03 ラフ		(태도) 난폭함, (감촉) 꺼칠 꺼칠함(+だ 하다/+な 한)
04 ルーズ		(시간, 돈 관계) 허술함 (+だ 하다/+な 한)
05 露骨	ろこつ	노골
06 加減	かげん	정도
07 よそよそしい		서먹서먹하다, 데면데면하다
08 愚か ⑬	おろか	어리석음, 불필요함 (+だ 하다/+な 한)
09 優劣	ゆうれつ	우열
10 憂鬱	ゆううつ	우울(+だ 하다/+な 한)

단어의 읽는 법과 의미를 외워 봅시다.

단 어	읽는법	의 미
11 愚痴	ぐち	넋두리, 푸념
12 危ぶむ	あやぶむ	위태로워하다, 걱정하다, 의심하다
13 偽る ⑱	いつわる	속이다, 거짓말하다
14 癒される	いやされる	치유되다
15 諭し ㉓	さとし	타이름
16 至って ⑭	いたって	극히, 매우, 대단히
17 揉める	もめる	옥신각신하다
18 濡らす	ぬらす	적시다
19 歴と	れっきと	버젓하게, 당당하게, 분명히
20 強行	きょうこう	강행

💡 단어의 읽는 법과 의미를 외워 봅시다.

단 어	읽는법	의 미
21 ほっとく		내버려 두다, 방치하다
22 幼馴染み	おさななじみ	소꿉친구(이성)
23 歯車	はぐるま	톱니바퀴, 전체를 구성하는 개개의 요소
24 風呂敷	ふろしき	보자기, 허풍
25 目安 ⑲	めやす	목표, 기준
26 悠長	ゆうちょう	침착하여 성미가 느림 (+だ 하다/+な 한)
27 貫通	かんつう	관통
28 誘致	ゆうち	(시설, 사업) 유치
29 潤う	うるおう	습기를 띠다, 윤택하다
30 融資	ゆうし	융자

💡 단어의 읽는 법과 의미를 외워 봅시다.   🔊 MP3 3-2-6

단 어	읽는법	의 미
01 街頭	がいとう	길거리, 노상
02 加味 ⑬	かみ	(맛) 가미
03 破損 ⑮	はそん	파손
04 肝心要	かんじんかなめ	가장 중요한 것, 핵심
05 干渉	かんしょう	간섭
06 簡素 ⑫⑲	かんそ	간소
07 懇親	こんしん	간친, 친목
08 悟る	さとる	깨닫다(=気付く)
09 残酷	ざんこく	잔혹, 참혹함 (+だ 하다/+な 한)
10 貧富 ⑲	ひんぷ	빈부

💡 단어의 읽는 법과 의미를 외워 봅시다.

단 어	읽는법	의 미
11 緩み	ゆるみ	느슨해짐, 헐거움
12 余所	よそ	딴 곳, 남의 집
13 栄える	さかえる	번영하다, 번창하다
14 潜る	もぐる	잠수하다, 잠입하다, 기어들다
15 余程	よほど	상당히
16 容易い ⑯	たやすい	쉽다, 용이하다
17 誤る	あやまる	실수하다, 잘못하다
18 興す	おこす	(사업, 나라) 일으키다
19 隠居	いんきょ	은거 (직을 떠나 한가하게 삶)
20 抑制	よくせい	억제

💡 단어의 읽는 법과 의미를 외워 봅시다.

단 어	읽는법	의 미
21 軟弱	なんじゃく	연약, (의지, 태도) 약함 (+だ 하다/+な 한)
22 予測	よそく	예측
23 稼業	かぎょう	직업, 장사, 생업
24 温厚	おんこう	(성격) 온후, 온화함 (+だ 하다/+な 한)
25 破裂	はれつ	파열
26 勇ましい	いさましい	용감하다, 활발하다
27 付属	ふぞく	부속
28 刻む	きざむ	잘게 썰다, 새기다
29 仮眠	かみん	선잠(잠깐 눈을 붙임)
30 ひしひし		바싹바싹 다가오는 모양, 강하게 느끼는 모양

💡 한 주 동안 외운 단어를 점검해 봅시다.

WEEK 02	학습 날짜	달성 목표	다시 한번 확인해야 하는 단어
DAY 1	__ / __	30개 중 ___개 암기!	
DAY 2	__ / __	30개 중 ___개 암기!	
DAY 3	__ / __	30개 중 ___개 암기!	
DAY 4	__ / __	30개 중 ___개 암기!	
DAY 5	__ / __	30개 중 ___개 암기!	
DAY 6	__ / __	30개 중 ___개 암기!	

✎ 단어의 읽는 법과 의미를 써 봅시다.

단 어	읽는법	의 미
□ 清らか		
□ 世論		
□ 裂く		
□ 捗る		
□ 持て成す		
□ 辿る		
□ 心掛ける		
□ 集い		
□ 籠る		
□ 即刻		
□ 指図		
□ 束ねる		
□ 賜る		
□ 知恵		
□ 束の間		

단 어	읽는법	의 미
□ 真摯		
□ 狂う		
□ 嫉妬		
□ 禁物		
□ 執着		
□ 懲りる		
□ 徴収		
□ 辻褄		
□ 遮断		
□ 錯覚		
□ 手掛ける		
□ 出直し		
□ 撤去		
□ 徹底		
□ 撤回		

✎ 단어의 읽는 법과 **의미**를 써 봅시다.

단 어			단 어	
☐ サボる	읽는법 의 미		☐ 乗っ取る	읽는법 의 미
☐ 透かさず	읽는법 의 미		☐ 駐輪	읽는법 의 미
☐ じめじめ	읽는법 의 미		☐ 阻止	읽는법 의 미
☐ 途絶える	읽는법 의 미		☐ 惚ける	읽는법 의 미
☐ 操る	읽는법 의 미		☐ 月並	읽는법 의 미
☐ 調える	읽는법 의 미		☐ 取り分け	읽는법 의 미
☐ 終盤	읽는법 의 미		☐ 体裁	읽는법 의 미
☐ シック	읽는법 의 미		☐ 嘗める	읽는법 의 미
☐ 咄嗟	읽는법 의 미		☐ 根回し	읽는법 의 미
☐ 裁く	읽는법 의 미		☐ 逸材	읽는법 의 미
☐ 阻む	읽는법 의 미		☐ 駐在	읽는법 의 미
☐ 些細	읽는법 의 미		☐ 戸惑う	읽는법 의 미
☐ 即ち	읽는법 의 미		☐ 重複	읽는법 의 미
☐ 枠内	읽는법 의 미		☐ しょげる	읽는법 의 미
☐ 奏でる	읽는법 의 미		☐ 目論見	읽는법 의 미

✎ 단어의 읽는 법과 의미를 써 봅시다.

단 어		
□ 注ぐ	읽는법	
	의 미	
□ 適宜	읽는법	
	의 미	
□ ときめかす	읽는법	
	의 미	
□ 搬送	읽는법	
	의 미	
□ 斬新	읽는법	
	의 미	
□ 転じる	읽는법	
	의 미	
□ 多岐	읽는법	
	의 미	
□ 粘り	읽는법	
	의 미	
□ 引っ掛ける	읽는법	
	의 미	
□ デリケート	읽는법	
	의 미	
□ 恨む	읽는법	
	의 미	
□ 唱える	읽는법	
	의 미	
□ 気兼ね	읽는법	
	의 미	
□ 徹夜	읽는법	
	의 미	
□ 満悦	읽는법	
	의 미	

단 어		
□ 自賛	읽는법	
	의 미	
□ 奨励	읽는법	
	의 미	
□ ときめく	읽는법	
	의 미	
□ 軽快	읽는법	
	의 미	
□ 低迷	읽는법	
	의 미	
□ 積み立てる	읽는법	
	의 미	
□ うつ伏せる	읽는법	
	의 미	
□ 伝承	읽는법	
	의 미	
□ 暇	읽는법	
	의 미	
□ 企てる	읽는법	
	의 미	
□ 絶賛	읽는법	
	의 미	
□ 裁き	읽는법	
	의 미	
□ 称える	읽는법	
	의 미	
□ 偏り	읽는법	
	의 미	
□ ちんぷん かんぷん	읽는법	
	의 미	

✎ 단어의 읽는 법과 의미를 써 봅시다.

단 어		
□ 差し当たり	읽는법	
	의 미	
□ 盛況	읽는법	
	의 미	
□ 前向き	읽는법	
	의 미	
□ 襲う	읽는법	
	의 미	
□ ポテンシャル	읽는법	
	의 미	
□ 凝る	읽는법	
	의 미	
□ 希	읽는법	
	의 미	
□ 占領	읽는법	
	의 미	
□ マンネリ	읽는법	
	의 미	
□ へとへと	읽는법	
	의 미	
□ ふらりと	읽는법	
	의 미	
□ 片寄る	읽는법	
	의 미	
□ 凝らす	읽는법	
	의 미	
□ 穏便	읽는법	
	의 미	
□ 融通	읽는법	
	의 미	

단 어		
□ 平たい	읽는법	
	의 미	
□ ありありと	읽는법	
	의 미	
□ ばらまく	읽는법	
	의 미	
□ ひっそり	읽는법	
	의 미	
□ 振舞い	읽는법	
	의 미	
□ ブレイク	읽는법	
	의 미	
□ 旦那	읽는법	
	의 미	
□ 吟味	읽는법	
	의 미	
□ 凝縮	읽는법	
	의 미	
□ 皮肉	읽는법	
	의 미	
□ 隔たる	읽는법	
	의 미	
□ 日頃	읽는법	
	의 미	
□ 枠	읽는법	
	의 미	
□ やんわりと	읽는법	
	의 미	
□ 逸脱	읽는법	
	의 미	

✐ 단어의 읽는 법과 의미를 써 봅시다.

단 어		
□ 専ら	읽는법	
	의 미	
□ 倣う	읽는법	
	의 미	
□ ラフ	읽는법	
	의 미	
□ ルーズ	읽는법	
	의 미	
□ 露骨	읽는법	
	의 미	
□ 加減	읽는법	
	의 미	
□ よそよそしい	읽는법	
	의 미	
□ 愚か	읽는법	
	의 미	
□ 優劣	읽는법	
	의 미	
□ 憂鬱	읽는법	
	의 미	
□ 愚痴	읽는법	
	의 미	
□ 危ぶむ	읽는법	
	의 미	
□ 偽る	읽는법	
	의 미	
□ 癒される	읽는법	
	의 미	
□ 諭し	읽는법	
	의 미	

단 어		
□ 至って	읽는법	
	의 미	
□ 揉める	읽는법	
	의 미	
□ 濡らす	읽는법	
	의 미	
□ 歴と	읽는법	
	의 미	
□ 強行	읽는법	
	의 미	
□ ほっとく	읽는법	
	의 미	
□ 幼馴染み	읽는법	
	의 미	
□ 歯車	읽는법	
	의 미	
□ 風呂敷	읽는법	
	의 미	
□ 目安	읽는법	
	의 미	
□ 悠長	읽는법	
	의 미	
□ 貫通	읽는법	
	의 미	
□ 誘致	읽는법	
	의 미	
□ 潤う	읽는법	
	의 미	
□ 融資	읽는법	
	의 미	

✎ 단어의 읽는 법과 의미를 써 봅시다.

단 어			단 어		
☐ 街頭	읽는법		☐ 容易い	읽는법	
	의 미			의 미	
☐ 加味	읽는법		☐ 誤る	읽는법	
	의 미			의 미	
☐ 破損	읽는법		☐ 興す	읽는법	
	의 미			의 미	
☐ 肝心要	읽는법		☐ 隠居	읽는법	
	의 미			의 미	
☐ 干渉	읽는법		☐ 抑制	읽는법	
	의 미			의 미	
☐ 簡素	읽는법		☐ 軟弱	읽는법	
	의 미			의 미	
☐ 懇親	읽는법		☐ 予測	읽는법	
	의 미			의 미	
☐ 悟る	읽는법		☐ 稼業	읽는법	
	의 미			의 미	
☐ 残酷	읽는법		☐ 温厚	읽는법	
	의 미			의 미	
☐ 貧富	읽는법		☐ 破裂	읽는법	
	의 미			의 미	
☐ 緩み	읽는법		☐ 勇ましい	읽는법	
	의 미			의 미	
☐ 余所	읽는법		☐ 付属	읽는법	
	의 미			의 미	
☐ 栄える	읽는법		☐ 刻む	읽는법	
	의 미			의 미	
☐ 潜る	읽는법		☐ 仮眠	읽는법	
	의 미			의 미	
☐ 余程	읽는법		☐ ひしひし	읽는법	
	의 미			의 미	

실전 JLPT 도전

✐ 실제 시험유형과 비슷한 문제를 통해 복습해 봅시다.

1 ＿＿＿의 단어의 읽는 법으로 가장 적당한 것을 ①, ②, ③, ④에서 하나 고르세요.

1) うちの妹は干渉が好きな人だ。 우리 여동생은 간섭을 좋아하는 사람이다.
　① かんしょう　　② かんほ　　③ せんしょう　　④ せんほ

2) 何ごとも徹底に調べることが必要だ。
　무슨 일이든 철저하게 조사하는 것이 필요하다.
　① とってい　　② とうてい　　③ てってい　　④ ていてい

3) 会話の話題が多岐にわたっている。 대화의 주제가 여러 방면에 걸쳐져 있다.
　① たき　　② たじ　　③ たぎ　　④ たし

2 ＿＿＿의 단어를 한자로 쓸 때 가장 적당한 것을 ①, ②, ③, ④에서 하나 고르세요.

1) ふとんの中にもぐってテレビを見た。 이불 속에 기어들어가 텔레비전을 봤다.
　① 渦って　　② 浸って　　③ 溜って　　④ 潜って

2) 田中さんはいんきょして暮らしています。 다나카 씨는 은거하며 살고 있습니다.
　① 隠居　　② 引居　　③ 院居　　④ 陰居

3) この写真はざんしんじゃないですか。 이 사진은 참신하지 않습니까?
　① 暫新　　② 斬新　　③ 漸新　　④ 名神

3 ( )에 들어갈 것으로 가장 적당한 것을 ①, ②, ③, ④에서 하나 고르세요.

1) 社員は社側に対して雇止めの( )を求めている。

사원은 사측에 대해서 고용해지의 철회를 요구하고 있다.

① 撤収 ② 撤回 ③ 撤去 ④ 徹底

2) 梅雨で雨が続いたせいか、道路が( )している。

장마로 비가 계속 온 탓인지 도로가 질퍽거린다.

① はらはら ② びくびく ③ じめじめ ④ ひしひしと

3) 息子はすっかり( )らしく、そのモビールを二度と手にすることは
なかった。

아들은 완전히 질렸는지, 그 모빌을 두 번 다시 만지는 일이 없었다.

① こりた ② あやつった ③ ととのえた ④ かなでた

4) 次回の授業では不法な( )の撤去、処分に関して勉強していきたい
と思います。

다음 수업에서는 불법 주차된 자전거의 철거, 처분에 대해서 공부를 하고자 합니다.

① 駐輪 ② 駐在 ③ 体裁 ④ 逸脱

정답

1 1) ① 2) ③ 3) ①
2 1) ④ 2) ① 3) ②
3 1) ② 2) ③ 3) ① 4) ①

WEEK 03

3 주 째

時間がない！
もっとがんばろう！

DAY 1

2회 3회

💡 단어의 읽는 법과 의미를 외워 봅시다.　　🔊 MP3 3-3-1

단 어	읽는법	의 미
01 **養う**	やしなう	양육하다, 기르다
02 **きっかり**		(시간, 수량) 딱 들어맞은 모양
03 **臨時**	りんじ	임시
04 **派遣**	はけん	파견
05 **開拓** ⑰	かいたく	개척
06 **開閉**	かいへい	개폐(여닫음)
07 **拒む** ⑭	こばむ	거절하다, 막다
08 **躍起になる**	やっきになる	기를 쓰다
09 **飾り**	かざり	꾸밈, 장식
10 **見極める**	みきわめる	끝까지 지켜보다, (진위) 판별하다

3주째 **289**

💡 단어의 읽는 법과 의미를 외워 봅시다.

단 어	읽는법	의 미
11 心構え ⑭	こころがまえ	마음의 준비, 마음가짐
12 綿密 ⑩	めんみつ	면밀(+な 한/+に 하게)
13 かっと		울컥 화를 내는 모양, (눈, 입) 딱 벌리는 모양
14 賛否	さんぴ	찬부, 찬반
15 実り	みのり	성과, 소득
16 一概に	いちがいに	일률적으로, 일괄적으로
17 昇華	しょうか	승화(더 높은 상태로 발전함)
18 慎み	つつしみ	신중함, 조심성
19 利潤	りじゅん	이윤
20 浅ましい	あさましい	한심스럽다, 비열하다

💡 단어의 읽는 법과 의미를 외워 봅시다.

단 어	읽는법	의 미
21 押収	おうしゅう	압수
22 猛烈 ⑲	もうれつ	맹렬(+な 한/+に 하게)
23 曖昧	あいまい	애매(+な 한/+に 하게)
24 扶養	ふよう	부양
25 勘弁	かんべん	용서함
26 仰ぐ	あおぐ	우러러보다
27 寸法	すんぽう	길이, 척도
28 堪能	たんのう	충분함, 만족함
29 降伏	こうふく	항복
30 降参	こうさん	항복, 질림

💡 단어의 읽는 법과 의미를 외워 봅시다.

🔊 MP3 3-3-2

단 어	읽는법	의 미
01 おどおど		주뼛주뼛거리며 벌벌 떠는 모양
02 見抜く	みぬく	(거짓, 속셈, 마음) 간파하다, 꿰뚫어보다
03 空言	くうげん	공언(근거없는 풍설)
04 追放	ついほう	추방
05 健やか ⑭	すこやか	건강함, 튼튼함 (+だ 하다/+な 한)
06 乾燥	かんそう	건조
07 倹約	けんやく	검약, 절약
08 中枢 ⑭	ちゅうすう	중추
09 堅実 ⑱	けんじつ	견실(+だ 하다/+な 한)
10 見窄らしい	みすぼらしい	초라하다, 빈약하다

💡 단어의 읽는 법과 의미를 외워 봅시다.

단 어	읽는법	의 미
11 幹部	かんぶ	간부
12 顕著 ⑯	けんちょ	현저(+だ 하다/+な 한)
13 考察	こうさつ	고찰
14 運搬	うんぱん	운반
15 密集 ⑩	みっしゅう	밀집
16 控除	こうじょ	공제, (금액) 빼냄
17 強張る	こわばる	굳어지다, 딱딱해지다
18 見下ろす	みおろす	내려보다, 얕보다
19 工面 ⑭	くめん	돈 마련(변통), 주머니 사정
20 見通す	みとおす	멀리까지 내다보다, 전망하다

💡 단어의 읽는 법과 의미를 외워 봅시다.

단 어	읽는법	의 미
21 怯える	おびえる	무서워하다, 놀라다
22 見合わせ	みあわせ	보류, 비교
23 控え目	ひかえめ	사양하듯 소극적임 (+な 한/+に 하게)
24 古めかしい	ふるめかしい	예스럽다
25 見つめる	みつめる	응시하다
26 居住	きょじゅう	거주
27 源	みなもと	기원, 근원
28 公	おおやけ	정부, 관청
29 格別	かくべつ	각별, 유별남
30 顧みる	かえりみる	돌이켜보다, 되돌아보다

💡 단어의 읽는 법과 의미를 외워 봅시다. MP3 3-3-3

단 어	읽는법	의 미
01 仕込む	しこむ	가르치다, 장치하다, 사들이다, 담그다
02 括る	くくる	옭아 매다, 묶다
03 夥しい ⑭	おびただしい	(수량) 매우 많다, (정도) 심하다
04 どたばた		우당탕거리며 소란을 피우는 모양
05 果敢	かかん	과감(+な 한/+に 하게)
06 拒絶	きょぜつ	거절, 거부
07 過疎	かそ	과소(지나치게 드묾)
08 俯瞰	ふかん	부감(내려다봄)
09 過酷	かこく	과혹(지나치게 가혹함) (+だ 하다/+な 한)
10 関与	かんよ	관여

💡 단어의 읽는 법과 의미를 외워 봅시다.

단 어	읽는법	의 미
11 寛容	かんよう	관용, 관대 (+だ 하다/+な 한)
12 貫く ⑬	つらぬく	관철하다, 꿰뚫다
13 乖離	かいり	괴리
14 究明	きゅうめい	구명(사물의 본질을 연구하여 밝힘)
15 拘束	こうそく	구속
16 群衆	ぐんしゅう	군중
17 窮乏	きゅうぼう	궁핍
18 勧奨	かんしょう	권장
19 軌跡	きせき	궤적
20 ひたひた		물밀듯이 닥쳐오는 모양

💡 단어의 읽는 법과 의미를 외워 봅시다.

단 어	읽는법	의 미
21 克服 ⑲㉑	こくふく	극복
22 几帳面	きちょうめん	꼼꼼하고 빈틈이 없음 (+だ 하다/+な 한)
23 所蔵	しょぞう	소장
24 大々的	だいだいてき	대대적 (+な 한/+に 하게)
25 果敢ない	はかない	덧없다, 허무하다
26 微笑ましい ⑲	ほほえましい	호감가다, 흐뭇하다
27 克明	こくめい	극명(=丹念(たんねん)), 정직 (+な 한/+に 하게)
28 一筋に	ひとすじに	오로지, 한결같이 (=専(もっぱ)ら)
29 一挙に	いっきょに	일거에, 단 한 번에
30 無性に	むしょうに	몹시, 무턱대고

💡 단어의 읽는 법과 의미를 외워 봅시다.   🔊 MP3 3-3-4

단 어	읽는법	의 미
01 根っから	ねっから	애초부터, 도무지 (+부정)
02 欺く	あざむく	(거짓으로) 속이다
03 根底	こんてい	근저(근본 토대)
04 濃密	のうみつ	농밀, (색, 맛) 진함 (+だ 하다/+な 한)
05 創意	そうい	창의
06 捻る	ひねる	비틀다, 생각을 짜내다
07 仄めかす	ほのめかす	암시하다, 넌지시 비추다
08 兼ねる	かねる	겸하다
09 企て	くわだて	기도, 계획
10 ちらちら		팔랑팔랑 날리는 모양, 어쩌다 가끔 듣는 모양

💡 단어의 읽는 법과 의미를 외워 봅시다.

단 어	읽는법	의 미
11 気配 ⑬	けはい	기색, 분위기
12 紛れもない	まぎれもない	틀림없다
13 幾分	いくぶん	얼마쯤, 약간
14 寄与 ⑫	きよ	기여
15 気丈	きじょう	마음이 굳셈, 다부짐 (+だ 하다/+な 한)
16 既存	きそん	기존
17 緊密 ⑰	きんみつ	긴밀(+な 한/+に 하게)
18 拮抗 ㉒	きっこう	팽팽함, 맞버팀
19 耐える	たえる	견디다
20 気障	きざ	아니꼬움, 같잖음 (+な 한/+に 하게)

💡 단어의 읽는 법과 의미를 외워 봅시다.

단 어	읽는법	의 미
21 解す	ほぐす	풀다
22 見惚れる	みとれる	정신없이 보다, 넋을 잃고 보다
23 段取り	だんどり	절차
24 踏ん張る	ふんばる	완강히 버티다
25 踏襲 ㉒	とうしゅう	답습
26 帯びる ⑮	おびる	(색, 성질) 띠다
27 大まか	おおまか	대범함, 대충 (+な 한/+に 하게)
28 大筋 ⑫	おおすじ	대강, 개요
29 疎ら	まばら	드문드문함, 뜸함 (+な 한/+に 하게)
30 隅	すみ	구석, 모퉁이

DAY 5

1회 2회 3회

💡 단어의 읽는 법과 의미를 외워 봅시다.　　🔊 MP3 3-3-5

단 어	읽는법	의 미
01 岐路	きろ	기로, 갈림길
02 終止符	しゅうしふ	종지부(+打つ 찍다)
03 劣る	おとる	(실력, 능력) 뒤떨어지다
04 仕業 ⑫	しわざ	소행, 짓
05 落胆 ⑪	らくたん	낙담
06 匿名	とくめい	익명
07 度胸	どきょう	담력, 배짱
08 大旨 ⑬	おおむね	대강, 개요
09 憶測	おくそく	억측
10 盗難	とうなん	도난

💡 단어의 읽는 법과 의미를 외워 봅시다.

단 어	읽는법	의 미
11 鈍い	にぶい	둔하다, 굼뜨다
12 跳躍	ちょうやく	도약
13 挑戦	ちょうせん	도전
14 うっとうしい		음울하다, 성가시다
15 是正	ぜせい	시정
16 断片	だんぺん	단편(한 부분)
17 突如	とつじょ	돌연, 갑자기
18 摘出	てきしゅつ	적출
19 跳ねる	はねる	뛰어오르다, 튀다
20 臆病	おくびょう	겁이 많음 (+だ 하다/+な 한)

💡 단어의 읽는 법과 의미를 외워 봅시다.

단 어	읽는법	의 미
21 練る ⑩⑬	ねる	반죽하다, (초안) 다듬다
22 努めて	つとめて	가능한 한, 애써
23 逃れる ⑪	のがれる	벗어나다, 도망치다
24 ぞんざい		소홀히 함, 날림으로 함 (+な 한/+に 하게)
25 怒鳴る	どなる	고함치다, 호통치다
26 歴然と	れきぜんと	역연히(분명히, 또렷이)
27 断つ	たつ	자르다, (술, 간식) 끊다
28 浪人	ろうにん	재수생, 백수
29 すんなり ⑯		날씬하고 매끈한 모양, 일이 수월히 진행되는 모양
30 途切れる	とぎれる	중단되다, 도중에 끊기다

DAY 6

1회 2회 3회

💡 단어의 읽는 법과 의미를 외워 봅시다.

🔊 MP3 3-3-6

단 어	읽는법	의 미
01 **逞しい**	たくましい	늠름하다, 씩씩하다
02 **売却**	ばいきゃく	매각
03 **不審** ⑲	ふしん	의심스러움 (+な 한/+に 하게)
04 **臨む** ⑭㉒	のぞむ	(중요한 장면) 임하다, 향하다, 면하다
05 **長ける**	たける	(어떤 분야) 뛰어나다, 밝다
06 **やり通す**	やりとおす	끝까지 하다, 해내다
07 **呆れる**	あきれる	기막히다, 어이없다
08 **欠乏**	けつぼう	결핍
09 **申し出る**	もうしでる	(의견, 희망, 사실) 자청하다, 신고하다
10 **うろつく**		서성이다, 헤매다

💡 단어의 읽는 법과 의미를 외워 봅시다.

단 어	읽는법	의 미
11 **裏付け** ⑬	うらづけ	뒷받침, 확실한 증거
12 **漠然と**	ばくぜんと	막연히
13 **網羅** ⑫	もうら	망라
14 **回顧** ⑱	かいこ	회고, 회상
15 **滅びる** ⑰	ほろびる	망하다, 쇠퇴하다
16 **盲点**	もうてん	맹점(남이 알아차리지 못하는 곳)
17 **茫然と**	ぼうぜんと	망연히, 하염없이, 멍하니
18 **面目**	めんぼく	면목, 체면
19 **免れる**	まぬかれる まぬがれる	면하다, 피하다
20 **理不尽**	りふじん	불합리함 (+だ 하다/+な 한)

💡 단어의 읽는 법과 의미를 외워 봅시다.

단 어	읽는법	의 미
21 満更でもない	まんざらでもない	아주 마음에 없는 것도 아니다
22 漏水	ろうすい	누수
23 類似	るいじ	유사
24 留意	りゅうい	유의
25 冷淡	れいたん	냉담, 무관심 (+だ하다/+な 한)
26 裏面	りめん	이면
27 振興 ㉓	しんこう	진흥
28 碌	ろく	제대로 됨, 쓸만함(+부정) (+な 한/+に 하게)
29 廃れる ⑯	すたれる	쓰이지 않게 되다, 유행하지 않게 되다
30 漏らす	もらす	흘러나오게 하다, 누설하다

실력체크

💡 한 주 동안 외운 단어를 점검해 봅시다.

WEEK 03	학습 날짜	달성 목표	다시 한번 확인해야 하는 단어
DAY 1	__ / __	30개 중 __개 암기!	
DAY 2	__ / __	30개 중 __개 암기!	
DAY 3	__ / __	30개 중 __개 암기!	
DAY 4	__ / __	30개 중 __개 암기!	
DAY 5	__ / __	30개 중 __개 암기!	
DAY 6	__ / __	30개 중 __개 암기!	

✎ 단어의 읽는 법과 의미를 써 봅시다.

단 어	
☐ 養う	읽는법
	의 미
☐ きっかり	읽는법
	의 미
☐ 臨時	읽는법
	의 미
☐ 派遣	읽는법
	의 미
☐ 開拓	읽는법
	의 미
☐ 開閉	읽는법
	의 미
☐ 拒む	읽는법
	의 미
☐ 躍起になる	읽는법
	의 미
☐ 飾り	읽는법
	의 미
☐ 見極める	읽는법
	의 미
☐ 心構え	읽는법
	의 미
☐ 綿密	읽는법
	의 미
☐ かっと	읽는법
	의 미
☐ 賛否	읽는법
	의 미
☐ 実り	읽는법
	의 미

단 어	
☐ 一概に	읽는법
	의 미
☐ 昇華	읽는법
	의 미
☐ 慎み	읽는법
	의 미
☐ 利潤	읽는법
	의 미
☐ 浅ましい	읽는법
	의 미
☐ 押収	읽는법
	의 미
☐ 猛烈	읽는법
	의 미
☐ 曖昧	읽는법
	의 미
☐ 扶養	읽는법
	의 미
☐ 勘弁	읽는법
	의 미
☐ 仰ぐ	읽는법
	의 미
☐ 寸法	읽는법
	의 미
☐ 堪能	읽는법
	의 미
☐ 降伏	읽는법
	의 미
☐ 降参	읽는법
	의 미

✎ 단어의 읽는 법과 의미를 써 봅시다.

단 어			단 어		
☐ おどおど	読는법		☐ 控除	読는법	
	의 미			의 미	
☐ 見抜く	読는법		☐ 強張る	読는법	
	의 미			의 미	
☐ 空言	読는법		☐ 見下ろす	読는법	
	의 미			의 미	
☐ 追放	読는법		☐ 工面	読는법	
	의 미			의 미	
☐ 健やか	読는법		☐ 見通す	読는법	
	의 미			의 미	
☐ 乾燥	読는법		☐ 怯える	読는법	
	의 미			의 미	
☐ 倹約	読는법		☐ 見合わせ	読는법	
	의 미			의 미	
☐ 中枢	読는법		☐ 控え目	読는법	
	의 미			의 미	
☐ 堅実	読는법		☐ 古めかしい	読는법	
	의 미			의 미	
☐ 見窄らしい	読는법		☐ 見つめる	読는법	
	의 미			의 미	
☐ 幹部	読는법		☐ 居住	読는법	
	의 미			의 미	
☐ 顕著	読는법		☐ 源	読는법	
	의 미			의 미	
☐ 考察	読는법		☐ 公	読는법	
	의 미			의 미	
☐ 運搬	読는법		☐ 格別	読는법	
	의 미			의 미	
☐ 密集	読는법		☐ 顧みる	読는법	
	의 미			의 미	

✏️ 단어의 읽는 법과 **의미**를 써 봅시다.

단 어		단 어	
□ 仕込む	읽는법 의 미	□ 群衆	읽는법 의 미
□ 括る	읽는법 의 미	□ 窮乏	읽는법 의 미
□ 夥しい	읽는법 의 미	□ 勧奨	읽는법 의 미
□ どたばた	읽는법 의 미	□ 軌跡	읽는법 의 미
□ 果敢	읽는법 의 미	□ ひたひた	읽는법 의 미
□ 拒絶	읽는법 의 미	□ 克服	읽는법 의 미
□ 過疎	읽는법 의 미	□ 几帳面	읽는법 의 미
□ 俯瞰	읽는법 의 미	□ 所蔵	읽는법 의 미
□ 過酷	읽는법 의 미	□ 大々的	읽는법 의 미
□ 関与	읽는법 의 미	□ 果敢ない	읽는법 의 미
□ 寛容	읽는법 의 미	□ 微笑ましい	읽는법 의 미
□ 貫く	읽는법 의 미	□ 克明	읽는법 의 미
□ 乖離	읽는법 의 미	□ 一筋に	읽는법 의 미
□ 究明	읽는법 의 미	□ 一挙に	읽는법 의 미
□ 拘束	읽는법 의 미	□ 無性に	읽는법 의 미

✎ 단어의 읽는 법과 의미를 써 봅시다.

단 어		단 어	
□ 根っから	읽는법 의 미	□ 既存	읽는법 의 미
□ 欺く	읽는법 의 미	□ 緊密	읽는법 의 미
□ 根底	읽는법 의 미	□ 拮抗	읽는법 의 미
□ 濃密	읽는법 의 미	□ 耐える	읽는법 의 미
□ 創意	읽는법 의 미	□ 気障	읽는법 의 미
□ 捻る	읽는법 의 미	□ 解す	읽는법 의 미
□ 仄めかす	읽는법 의 미	□ 見惚れる	읽는법 의 미
□ 兼ねる	읽는법 의 미	□ 段取り	읽는법 의 미
□ 企て	읽는법 의 미	□ 踏ん張る	읽는법 의 미
□ ちらちら	읽는법 의 미	□ 踏襲	읽는법 의 미
□ 気配	읽는법 의 미	□ 帯びる	읽는법 의 미
□ 紛れもない	읽는법 의 미	□ 大まか	읽는법 의 미
□ 幾分	읽는법 의 미	□ 大筋	읽는법 의 미
□ 寄与	읽는법 의 미	□ 疎ら	읽는법 의 미
□ 気丈	읽는법 의 미	□ 隅	읽는법 의 미

✏️ 단어의 읽는 법과 의미를 써 봅시다.

단 어	읽는법 / 의 미	단 어	읽는법 / 의 미
☐ 岐路	읽는법 / 의 미	☐ 断片	읽는법 / 의 미
☐ 終止符	읽는법 / 의 미	☐ 突如	읽는법 / 의 미
☐ 劣る	읽는법 / 의 미	☐ 摘出	읽는법 / 의 미
☐ 仕業	읽는법 / 의 미	☐ 跳ねる	읽는법 / 의 미
☐ 落胆	읽는법 / 의 미	☐ 臆病	읽는법 / 의 미
☐ 匿名	읽는법 / 의 미	☐ 練る	읽는법 / 의 미
☐ 度胸	읽는법 / 의 미	☐ 努めて	읽는법 / 의 미
☐ 大旨	읽는법 / 의 미	☐ 逃れる	읽는법 / 의 미
☐ 憶測	읽는법 / 의 미	☐ ぞんざい	읽는법 / 의 미
☐ 盗難	읽는법 / 의 미	☐ 怒鳴る	읽는법 / 의 미
☐ 鈍い	읽는법 / 의 미	☐ 歴然と	읽는법 / 의 미
☐ 跳躍	읽는법 / 의 미	☐ 断つ	읽는법 / 의 미
☐ 挑戦	읽는법 / 의 미	☐ 浪人	읽는법 / 의 미
☐ うっとうしい	읽는법 / 의 미	☐ すんなり	읽는법 / 의 미
☐ 是正	읽는법 / 의 미	☐ 途切れる	읽는법 / 의 미

✎ 단어의 읽는 법과 의미를 써 봅시다.

단 어	읽는법 / 의 미	단 어	읽는법 / 의 미
☐ 遅しい	읽는법 / 의 미	☐ 盲点	읽는법 / 의 미
☐ 売却	읽는법 / 의 미	☐ 茫然と	읽는법 / 의 미
☐ 不審	읽는법 / 의 미	☐ 面目	읽는법 / 의 미
☐ 臨む	읽는법 / 의 미	☐ 免れる	읽는법 / 의 미
☐ 長ける	읽는법 / 의 미	☐ 理不尽	읽는법 / 의 미
☐ やり通す	읽는법 / 의 미	☐ 満更でもない	읽는법 / 의 미
☐ 呆れる	읽는법 / 의 미	☐ 漏水	읽는법 / 의 미
☐ 欠乏	읽는법 / 의 미	☐ 類似	읽는법 / 의 미
☐ 申し出る	읽는법 / 의 미	☐ 留意	읽는법 / 의 미
☐ うろつく	읽는법 / 의 미	☐ 冷淡	읽는법 / 의 미
☐ 裏付け	읽는법 / 의 미	☐ 裏面	읽는법 / 의 미
☐ 漠然と	읽는법 / 의 미	☐ 振興	읽는법 / 의 미
☐ 網羅	읽는법 / 의 미	☐ 碌	읽는법 / 의 미
☐ 回顧	읽는법 / 의 미	☐ 廃れる	읽는법 / 의 미
☐ 滅びる	읽는법 / 의 미	☐ 漏らす	읽는법 / 의 미

✎ 실제 시험유형과 비슷한 문제를 통해 복습해 봅시다.

1 ____의 단어의 읽는 법으로 가장 적당한 것을 ①, ②, ③, ④에서 하나 고르세요.

1) 誤りは是正されるべきである。 잘못된 것은 시정되어야 한다.

① ぜせい   ② ぜしょう   ③ ぜっせい   ④ ぜっしょう

2) 努力の効果が顕著に現れている。 노력의 효과가 현저히 나타나고 있다.

① げんちょ   ② げんしょ   ③ けんちょ   ④ けんしょ

3) 彼は社長とマネージャーを兼ねている。 그는 사장과 매니저를 겸하고 있다.

① はねて   ② かさねて   ③ のがねて   ④ かねて

2 ____의 단어를 한자로 쓸 때 가장 적당한 것을 ①, ②, ③, ④에서 하나 고르세요.

1) 能力が人に比べておとるわけではない。 능력이 남들에 비해 떨어지는 것은 아니다.

① 劣る   ② 捗る   ③ 耐る   ④ 負る

2) 目撃者の証言にはふしんな点があった。

목격자의 증언에는 의심스러운 점이 있었다.

① 不真な   ② 不審な   ③ 不信な   ④ 不怪な

3) 地元の産業のしんこうを図る。 고장의 산업의 진흥을 꾀한다.

① 振興   ② 親交   ③ 人口   ④ 志向

3 ( )에 들어갈 것으로 가장 적당한 것을 ①, ②, ③, ④에서 하나 고르세요.

1) 次第に( )なる損害に部員みんな頭を痛めていた。

점차 막심해지는 손해에 부원 모두 골머리를 썩였다.

①あさましく　②みすぼらしく　③ふるめかしく　④おびただしく

2) 長い上に、( )な説明にもう耐えられなかった。

긴 데다가 애매한 설명에 더 이상 참을 수 없었다.

①曖昧　　②勘弁　　③果敢　　④窮乏

3) 真偽を( )ことも大事であるが、何が正しいかを把握することも大事
である。

진위를 판별하는 것도 중요하지만, 무엇이 옳은지를 파악하는 것도 중요하다.

①みきわめる　②みおろす　③みとおす　④みつめる

4) 佐藤選手は試合の初っ端から( )攻撃をし続けた。

사토 선수는 시합의 첫머리부터 맹렬히 공격을 계속했다.

①隔離に　　②猛烈に　　③倹約に　　④隙間に

정답

1 1) ① 2) ③ 3) ④
2 1) ① 2) ② 3) ①
3 1) ④ 2) ① 3) ① 4) ②

WEEK 04

4 주 째

やった！
合格だ!!

💡 단어의 읽는 법과 의미를 외워 봅시다. 🔊 MP3 3-4-1

단 어	읽는법	의 미
01 **目論む** ⑪	もくろむ	계획하다, 꾀하다
02 **思惑**	おもわく	생각, 예상, 의도, 평판
03 **慕う** ㉒	したう	그리워하다, 경모하다
04 **焦る**	あせる	초조하게 굴다, 안달하다
05 **明朗**	めいろう	명랑, 밝음(공정함) (+だ 하다/+な 한)
06 **明瞭**	めいりょう	명료, 뚜렷함 (+だ 하다/+な 한)
07 **めちゃくちゃ**		몹시, 매우, 마구
08 **最早** ⑮	もはや	벌써, 이미, 어느새
09 **侮る**	あなどる	깔보다, 경시하다
10 **模倣**	もほう	모방

4주째 **317**

💡 단어의 읽는 법과 의미를 외워 봅시다.

단 어	읽는법	의 미
11 ややこしい		복잡해서 알기 어렵다, 까다롭다
12 侘しい	わびしい	쓸쓸하다, 외롭다
13 休息	きゅうそく	휴식
14 閃く	ひらめく	순간적으로 번쩍하다, (재능, 아이디어) 번뜩이다
15 没頭 ⑮㉓	ぼっとう	몰두
16 没落	ぼつらく	몰락
17 没収	ぼっしゅう	몰수
18 描写	びょうしゃ	묘사
19 絶える	たえる	(동작, 작용, 상태) 끝나다, 끊어지다
20 憤慨	ふんがい	분개

💡 단어의 읽는 법과 의미를 외워 봅시다.

단 어	읽는법	의 미
21 **きまり悪い**	きまりわるい	어쩐지 부끄럽다, 쑥스럽다
22 **復興** ⑰	ふっこう	부흥
23 **物腰**	ものごし	말씨, 언행
24 **冒頭**	ぼうとう	서두
25 **名高い**	なだかい	유명하다
26 **名乗る**	なのる	자기 이름을 대다
27 **名残**	なごり	자취, 흔적
28 **無邪気**	むじゃき	천진난만함 (+な 한/+に 하게)
29 **茂る**	しげる	(초목) 무성하다, 우거지다
30 **目下**	もっか	현재, 지금

💡 단어의 읽는 법과 의미를 외워 봅시다.

🔊 MP3 3-4-2

단 어	읽는법	의 미
01 微笑	びしょう	미소
02 託ける	かこつける	핑계 삼다, 구실 삼다
03 培う	つちかう	(힘, 성질) 기르다
04 密か	ひそか	가만히, 몰래 함 (+な 한/+に 하게)
05 覆す ⑫	くつがえす	뒤집다, 뒤집어 엎다
06 翻す	ひるがえす	뒤집다, 번복하다
07 抜け出す	ぬけだす	몰래 빠져나가다
08 共鳴	きょうめい	공명, 공감
09 未然に	みぜんに	미연에(+防ぐ 방지하다)
10 拍車	はくしゃ	박차(+かける 가하다)

💡 단어의 읽는 법과 의미를 외워 봅시다.

단 어	읽는법	의 미
[11] **紙幣**	しへい	지폐
[12] **かちんと来る**	かちんとくる	신경을 건드리다, 기분이 팍 상하다
[13] **発作**	ほっさ	발작
[14] **抜粋** ⑪⑱	ばっすい	발췌
[15] **抜擢**	ばってき	발탁
[16] **潜水**	せんすい	잠수
[17] **配慮**	はいりょ	배려
[18] **拝借**	はいしゃく	(돈, 물건) 빌려 씀
[19] **煩わしい** ⑯	わずらわしい	번거롭다, 귀찮다
[20] **繁殖** ⑲	はんしょく	번식

단어의 읽는 법과 의미를 외워 봅시다.

단 어	읽는법	의 미
21 全快	ぜんかい	전쾌, 완쾌
22 煩雑 ⑬	はんざつ	번잡(+だ 하다/+な 한)
23 変遷 ⑮	へんせん	변천
24 保管	ほかん	보관
25 服従	ふくじゅう	복종
26 半端	はんぱ	불안전함, 어중간함 (+だ 하다/+な 한)
27 白状	はくじょう	자백
28 念願 ⑩⑫	ねんがん	염원, 소원
29 スキル		스킬, 훈련해서 터득한 기술
30 抜群 ⑬	ばつぐん	발군, 뛰어남 (+な 한/+に 하게)

💡 단어의 읽는 법과 의미를 외워 봅시다.

🔊 MP3 3-4-3

단 어	읽는법	의 미
01 赴く	おもむく	향하여 가다, 향하다
02 ストック ⑪		저장, 재고품(=在庫)
03 紛らわしい ⑫㉓	まぎらわしい	비슷해서 헷갈리기 쉽다
04 不憫	ふびん	가엾음, 측은함 (+な 한/+に 하게)
05 シェア ⑰		시장점유율, 공유함
06 不機嫌	ふきげん	기분이 좋지 않음 (+な 한/+に 하게)
07 唆す	そそのかす	꼬드기다, 부추기다
08 微笑み	ほほえみ	미소
09 雑踏 ⑬	ざっとう	혼잡, 붐빔(=人込み)
10 有様	ありさま	(좋지 않은 사태) 모양, 꼴, 상태

💡 단어의 읽는 법과 의미를 외워 봅시다.

단 어	읽는법	의 미
11 **及ぶ**	およぶ	(상태, 범위) 이르다, 달하다, 미치다(+부정)
12 **滲む** ⑲	にじむ	번지다, 배다
13 **否めない** ⑭	いなめない	부인할 수 없다
14 **赴任** ⑪	ふにん	부임
15 **負債**	ふさい	부채
16 **情緒**	じょうちょ	정서
17 **不祥事**	ふしょうじ	불상사
18 **肥大**	ひだい	비대(+する 해지다)
19 **修飾**	しゅうしょく	수식
20 **奉仕**	ほうし	봉사

💡 단어의 읽는 법과 의미를 외워 봅시다.

단 어	읽는법	의 미
21 頻繁	ひんぱん	빈번(+な 한/+に 하게)
22 不器用	ぶきよう	서투름 (+だ 하다/+な 한)
23 釈然としない	しゃくぜんとしない	석연치 않다
24 軒並み	のきなみ	일제히, 모두
25 殺到 ⑮	さっとう	쇄도
26 駆ける	かける	(사람, 말) 전속력으로 달리다
27 相応しい	ふさわしい	어울리다
28 不気味	ぶきみ	어쩐지 기분 나쁨 (+だ 하다/+な 한)
29 終始	しゅうし	시종, 늘, 언제나
30 不備 ⑪	ふび	충분히 갖추지 않음 (+だ 하다/+な 한)

💡 단어의 읽는 법과 의미를 외워 봅시다.

🔊 MP3 3-4-4

단 어	읽는법	의 미
01 繊細	せんさい	섬세(+だ 하다/+な 한)
02 提起 ⑰	ていき	(문제, 의문) 제기
03 成育	せいいく	(동물) 자람
04 盛装	せいそう	성장, 차림새
05 均衡	きんこう	균형
06 孤独	こどく	고독
07 蘇る ⑰	よみがえる	되살아나다, 소생하다
08 境遇	きょうぐう	경우, 처지, 형편
09 消去	しょうきょ	소거
10 騒動	そうどう	소동

💡 단어의 읽는 법과 의미를 외워 봅시다.

단 어	읽는법	의 미
11 消耗	しょうもう	소모
12 消息	しょうそく	소식(=便^{たよ}り)
13 気触れる	かぶれる	염증이 생기다, (나쁜 영향) 받다, 물들다
14 透き通る	すきとおる	비쳐 보이다, 맑다, 통하다
15 所詮	しょせん	어차피, 결국
16 素早い	すばやい	재빠르다
17 疎通	そつう	소통
18 もたもた		우물쭈물하는 모양, 순조롭게 진행되지 않는 모양
19 速やか	すみやか	빠름, 신속함 (+な 한/+に 하게)
20 修行	しゅぎょう	수행, (학문, 기예) 연마

💡 단어의 읽는 법과 의미를 외워 봅시다.

단 어	읽는법	의 미
21 面食らう	めんくらう	당황하다, 허둥대다
22 率いる	ひきいる	인솔하다, 거느리다
23 率先	そっせん	솔선
24 見栄張る	みえばる	허세부리다
25 遂げる ⑰	とげる	이루다, 성취하다
26 享受	きょうじゅ	향수(예술의 아름다움을 음미함)
27 殊に	ことに	각별히, 특히, 게다가
28 煽てる	おだてる	치켜세우다, 부추기다
29 執念	しゅうねん	집념
30 手並み	てなみ	기량, 솜씨

DAY 5

1회 2회 3회

💡 단어의 읽는 법과 의미를 외워 봅시다.

🔊 MP3 3-4-5

단 어	읽는법	의 미
01 **修復** ⑪	しゅうふく	수복, 복원
02 **真相**	しんそう	진상
03 **掴む**	つかむ	쥐다, 포착하다
04 **屈辱**	くつじょく	굴욕
05 **幹**	みき	나무 줄기
06 **見守る**	みまもる	지켜보다
07 **見習う**	みならう	본받다, 보고 배우다
08 **軽やか**	かろやか	발랄함, 경쾌함 (+だ 하다/+な 한)
09 **啓発**	けいはつ	계발, 계몽
10 **怒り**	いかり	분노

💡 단어의 읽는 법과 의미를 외워 봅시다.

단 어	읽는법	의 미
11 連携 ⑪	れんけい	제휴
12 めそめそ		훌쩍거리며 우는 모양
13 億劫 ⑫	おっくう	귀찮음, 성가심 (+だ 하다/+な 한)
14 迅速	じんそく	신속, 재빠름 (+な 한/+に 하게)
15 捜索	そうさく	수색
16 手順	てじゅん	순서
17 歪む	ゆがむ	(모양, 마음) 비뚤어지다
18 高尚	こうしょう	고상, 품격이 높음
19 しがみつく ⑭		달라붙다, 붙들고 늘어지다
20 むしゃくしゃ		마음이 답답하고 언짢은 모양

💡 단어의 읽는 법과 의미를 외워 봅시다.

단 어	읽는법	의 미
21 手遅れ	ておくれ	때를 놓침, 때늦음
22 遂行 ⑭	すいこう	수행, 일을 해냄
23 伝染	でんせん	전염
24 随分	ずいぶん	대단히, 몹시
25 殺菌 ⑰	さっきん	살균
26 巡り ⑰	めぐり	순환
27 馴れ馴れしい	なれなれしい	허물이 없다
28 承諾 ⑮	しょうだく	승낙
29 良質	りょうしつ	양질, 좋은 성질 (+だ 하다/+な 한)
30 厳密	げんみつ	엄밀(+な 한/+に 하게)

💡 단어의 읽는 법과 의미를 외워 봅시다.

🔊 MP3 3-4-6

단 어	읽는법	의 미
01 いまいましい		분하다, 화가 치밀다, 지긋지긋하다
02 載せる	のせる	싣다, 게재하다
03 逸らす	そらす	(방향) 딴 데로 돌리다
04 承知	しょうち	알아들음, (소망, 요구) 동의
05 携わる ⑭	たずさわる	(일) 종사하다
06 履歴 ⑲	りれき	이력
07 更生	こうせい	갱생
08 雇用	こよう	고용
09 短縮	たんしゅく	단축
10 気遣い	きづかい	마음을 씀, 염려

💡 단어의 읽는 법과 의미를 외워 봅시다.

단 어	읽는법	의 미
11 渋々	しぶしぶ	마지못해, 떨떠름하게
12 分散	ぶんさん	분산
13 嫌気	いやけ	싫증(+差す 나다)
14 浮かれる	うかれる	신이 나다, 들뜨다
15 遥か	はるか	아득히, 훨씬 (+な 한/+に 하게)
16 円滑 ⑩⑬	えんかつ	원활(+な 한/+に 하게)
17 偽造	ぎぞう	위조
18 由来	ゆらい	유래
19 不当	ふとう	부당(+な 한/+に 하게)
20 転向	てんこう	전향

💡 단어의 읽는 법과 의미를 외워 봅시다.

단 어	읽는법	의 미
21 従来 ⑬	じゅうらい	종래, 지금까지
22 承認	しょうにん	승인
23 陳列 ⑯	ちんれつ	진열
24 背負う	せおう	짊어지다
25 脆弱	ぜいじゃく	취약(+な 한/+に 하게)
26 弾く ⑰	はじく	튀기다, 겉돌게 하다
27 兆候	ちょうこう	징후
28 和らげる	やわらげる	부드럽게 하다, 진정시키다
29 華やか ⑯	はなやか	화려함 (+だ 하다/+な 한)
30 賑わう ⑩	にぎわう	활기차다, 번성하다

실력체크

💡 한 주 동안 외운 단어를 점검해 봅시다.

WEEK 04	학습 날짜	달성 목표	다시 한번 확인해야 하는 단어
DAY 1	___ / ___	30개 중___개 암기!	
DAY 2	___ / ___	30개 중___개 암기!	
DAY 3	___ / ___	30개 중___개 암기!	
DAY 4	___ / ___	30개 중___개 암기!	
DAY 5	___ / ___	30개 중___개 암기!	
DAY 6	___ / ___	30개 중___개 암기!	

✎ 단어의 읽는 법과 의미를 써 봅시다.

단 어		단 어	
☐ 目論む	읽는법 의 미	☐ 没落	읽는법 의 미
☐ 思惑	읽는법 의 미	☐ 没収	읽는법 의 미
☐ 慕う	읽는법 의 미	☐ 描写	읽는법 의 미
☐ 焦る	읽는법 의 미	☐ 絶える	읽는법 의 미
☐ 明朗	읽는법 의 미	☐ 憤慨	읽는법 의 미
☐ 明瞭	읽는법 의 미	☐ きまり悪い	읽는법 의 미
☐ めちゃくちゃ	읽는법 의 미	☐ 復興	읽는법 의 미
☐ 最早	읽는법 의 미	☐ 物腰	읽는법 의 미
☐ 侮る	읽는법 의 미	☐ 冒頭	읽는법 의 미
☐ 模倣	읽는법 의 미	☐ 名高い	읽는법 의 미
☐ ややこしい	읽는법 의 미	☐ 名乗る	읽는법 의 미
☐ 侘しい	읽는법 의 미	☐ 名残	읽는법 의 미
☐ 休息	읽는법 의 미	☐ 無邪気	읽는법 의 미
☐ 閃く	읽는법 의 미	☐ 茂る	읽는법 의 미
☐ 没頭	읽는법 의 미	☐ 目下	읽는법 의 미

✎ 단어의 읽는 법과 의미를 써 봅시다.

단 어		
□ 微笑	읽는법	
	의 미	
□ 託ける	읽는법	
	의 미	
□ 培う	읽는법	
	의 미	
□ 密か	읽는법	
	의 미	
□ 覆す	읽는법	
	의 미	
□ 翻す	읽는법	
	의 미	
□ 抜け出す	읽는법	
	의 미	
□ 共鳴	읽는법	
	의 미	
□ 未然に	읽는법	
	의 미	
□ 拍車	읽는법	
	의 미	
□ 紙幣	읽는법	
	의 미	
□ かちんと来る	읽는법	
	의 미	
□ 発作	읽는법	
	의 미	
□ 抜粋	읽는법	
	의 미	
□ 抜擢	읽는법	
	의 미	

단 어		
□ 潜水	읽는법	
	의 미	
□ 配慮	읽는법	
	의 미	
□ 拝借	읽는법	
	의 미	
□ 煩わしい	읽는법	
	의 미	
□ 繁殖	읽는법	
	의 미	
□ 全快	읽는법	
	의 미	
□ 煩雑	읽는법	
	의 미	
□ 変遷	읽는법	
	의 미	
□ 保管	읽는법	
	의 미	
□ 服従	읽는법	
	의 미	
□ 半端	읽는법	
	의 미	
□ 白状	읽는법	
	의 미	
□ 念願	읽는법	
	의 미	
□ スキル	읽는법	
	의 미	
□ 抜群	읽는법	
	의 미	

✐ 단어의 읽는 법과 의미를 써 봅시다.

단 어			단 어		
□ 赴く	읽는법		□ 情緒	읽는법	
	의 미			의 미	
□ ストック	읽는법		□ 不祥事	읽는법	
	의 미			의 미	
□ 紛らわしい	읽는법		□ 肥大	읽는법	
	의 미			의 미	
□ 不憫	읽는법		□ 修飾	읽는법	
	의 미			의 미	
□ シェア	읽는법		□ 奉仕	읽는법	
	의 미			의 미	
□ 不機嫌	읽는법		□ 頻繁	읽는법	
	의 미			의 미	
□ 唆す	읽는법		□ 不器用	읽는법	
	의 미			의 미	
□ 微笑み	읽는법		□ 釈然としない	읽는법	
	의 미			의 미	
□ 雑踏	읽는법		□ 軒並み	읽는법	
	의 미			의 미	
□ 有様	읽는법		□ 殺到	읽는법	
	의 미			의 미	
□ 及ぶ	읽는법		□ 駆ける	읽는법	
	의 미			의 미	
□ 滲む	읽는법		□ 相応しい	읽는법	
	의 미			의 미	
□ 否めない	읽는법		□ 不気味	읽는법	
	의 미			의 미	
□ 赴任	읽는법		□ 終始	읽는법	
	의 미			의 미	
□ 負債	읽는법		□ 不備	읽는법	
	의 미			의 미	

✎ 단어의 읽는 법과 의미를 써 봅시다.

단 어

□ 繊細
읽는법
의 미

□ 提起
읽는법
의 미

□ 成育
읽는법
의 미

□ 盛装
읽는법
의 미

□ 均衡
읽는법
의 미

□ 孤独
읽는법
의 미

□ 蘇る
읽는법
의 미

□ 境遇
읽는법
의 미

□ 消去
읽는법
의 미

□ 騒動
읽는법
의 미

□ 消耗
읽는법
의 미

□ 消息
읽는법
의 미

□ 気触れる
읽는법
의 미

□ 透き通る
읽는법
의 미

□ 所詮
읽는법
의 미

단 어

□ 素早い
읽는법
의 미

□ 疎通
읽는법
의 미

□ もたもた
읽는법
의 미

□ 速やか
읽는법
의 미

□ 修行
읽는법
의 미

□ 面食らう
읽는법
의 미

□ 率いる
읽는법
의 미

□ 率先
읽는법
의 미

□ 見栄張る
읽는법
의 미

□ 遂げる
읽는법
의 미

□ 享受
읽는법
의 미

□ 殊に
읽는법
의 미

□ 煽てる
읽는법
의 미

□ 執念
읽는법
의 미

□ 手並み
읽는법
의 미

✎ 단어의 읽는 법과 의미를 써 봅시다.

단 어		단 어	
☐ 修復	읽는법 의 미	☐ 手順	읽는법 의 미
☐ 真相	읽는법 의 미	☐ 歪む	읽는법 의 미
☐ 掴む	읽는법 의 미	☐ 高尚	읽는법 의 미
☐ 屈辱	읽는법 의 미	☐ しがみつく	읽는법 의 미
☐ 幹	읽는법 의 미	☐ むしゃくしゃ	읽는법 의 미
☐ 見守る	읽는법 의 미	☐ 手遅れ	읽는법 의 미
☐ 見習う	읽는법 의 미	☐ 遂行	읽는법 의 미
☐ 軽やか	읽는법 의 미	☐ 伝染	읽는법 의 미
☐ 啓発	읽는법 의 미	☐ 随分	읽는법 의 미
☐ 怒り	읽는법 의 미	☐ 殺菌	읽는법 의 미
☐ 連携	읽는법 의 미	☐ 巡り	읽는법 의 미
☐ めそめそ	읽는법 의 미	☐ 馴れ馴れしい	읽는법 의 미
☐ 億劫	읽는법 의 미	☐ 承諾	읽는법 의 미
☐ 迅速	읽는법 의 미	☐ 良質	읽는법 의 미
☐ 捜索	읽는법 의 미	☐ 厳密	읽는법 의 미

✍ 단어의 읽는 법과 의미를 써 봅시다.

단 어		단 어	
☐ いまいましい	읽는법 의 미	☐ 円滑	읽는법 의 미
☐ 載せる	읽는법 의 미	☐ 偽造	읽는법 의 미
☐ 逸らす	읽는법 의 미	☐ 由来	읽는법 의 미
☐ 承知	읽는법 의 미	☐ 不当	읽는법 의 미
☐ 携わる	읽는법 의 미	☐ 転向	읽는법 의 미
☐ 履歴	읽는법 의 미	☐ 従来	읽는법 의 미
☐ 更生	읽는법 의 미	☐ 承認	읽는법 의 미
☐ 雇用	읽는법 의 미	☐ 陳列	읽는법 의 미
☐ 短縮	읽는법 의 미	☐ 背負う	읽는법 의 미
☐ 気遣い	읽는법 의 미	☐ 脆弱	읽는법 의 미
☐ 渋々	읽는법 의 미	☐ 弾く	읽는법 의 미
☐ 分散	읽는법 의 미	☐ 兆候	읽는법 의 미
☐ 嫌気	읽는법 의 미	☐ 和らげる	읽는법 의 미
☐ 浮かれる	읽는법 의 미	☐ 華やか	읽는법 의 미
☐ 遥か	읽는법 의 미	☐ 賑わう	읽는법 의 미

✐ 실제 시험유형과 비슷한 문제를 통해 복습해 봅시다.

1 ____의 단어의 읽는 법으로 가장 적당한 것을 ①, ②, ③, ④에서 하나 고르세요.

1) **速やかに**指示に従ってください。 신속하게 지시에 따라 주세요.

　①なごやかに　　②すみやかに　　③あざやかに　　④はなやかに

2) 彼女の考えに**共鳴**している。 그녀의 생각에 공명하고 있다.

　①こうちょう　　②こうめい　　③きょうちょう　　④きょうめい

3) 鈴木先生はみんなに**慕われて**いる。 스즈키 선생님은 모두에게 경모를 받고 있다.

　①したわれて　　②したがわれて　　③うやまわれて　　④ともなわれて

2 ____의 단어를 한자로 쓸 때 가장 적당한 것을 ①, ②, ③, ④에서 하나 고르세요.

1) 教育業界に**たずさわって**います。 교육업계에 종사하고 있습니다.

　①係わって　　②操わって　　③携わって　　④営わって

2) 独立を記念して新しい**しへい**が発行された。

독립을 기념하여 새로운 지폐가 발행되었다.

　①紙弊　　②資弊　　③紙幣　　④資幣

3) 財産を**ぼっしゅう**されることになった。 재산을 몰수당하게 되었다.

　①没集　　②没収　　③亡集　　④亡収

3 ( )에 들어갈 것으로 가장 적당한 것을 ①, ②, ③, ④에서 하나 고르세요.

1) 今日は、業界で急成長を( )川口電器の社長にお話をうかがいます。

오늘은 업계에서 급성장을 이룬 가와구치 전기 기구점 사장님의 이야기를 듣겠습니다.

① のせた　　　　② とげた　　　　③ そえた　　　　④ めぐまれた

2) 先ほどお渡しした資料は、私の論文の一部分を( )したものです。

조금 전에 건네드린 자료는 제 논문의 일부분을 발췌한 것입니다.

① 模倣　　　　② 描写　　　　③ 矛盾　　　　④ 抜粋

3) 彼とけんかしたばかりなので、顔を合わせるのが( )。

그와 싸운지 얼마 안 됐기 때문에 얼굴을 마주 대하는 것이 어쩐지 쑥스럽다.

① きまりわるい　② ややこしい　　③ まぎらわしい　　④ なれなれしい

4) この交差点は( )事故が起こる所として有名だ。

이 사거리는 빈번하게 사고가 일어나는 곳으로 유명하다.

① 脆弱に　　　　② 惨めに　　　　③ 厳密に　　　　④ 頻繁に

정답

1 1) ② 2) ④ 3) ①
2 1) ③ 2) ③ 3) ②
3 1) ② 2) ④ 3) ① 4) ④

부록

💡 시험 직전에 꼭 한번 보고 들어갑시다.

1　気がする 생각이 들다, 느낌이 들다

㉠ 誰かが呼んでいるような気がする。

누군가가 부르고 있는 듯한 느낌이 든다.

2　顔を出す 얼굴을 내밀다, 참석하다, 출석하다

㉠ 明日の会議には、どうしても顔を出さなくてはいけない。

내일 회의에는 어떻게든 참석하지 않으면 안 된다.

3　目が覚める 눈이 떠지다, 잠을 깨다, 정신차리다

㉠ 昨日遅く眠ったけど、朝早く目が覚めた。

어제 늦게 잠들었지만 아침 일찍 눈이 떠졌다.

4　目に立つ 눈에 띄다, 두드러지다

㉠ 母もこのごろ年を取って、白髪が目に立ってきました。

어머니도 요즘 연세가 드셔서 흰머리가 눈에 띄게 되었습니다.

5　思いがけない 의외이다, 뜻밖이다

㉠ 彼が死ぬとは、本当に思いがけなかった。

그가 죽다니, 정말로 뜻밖이었다.

6 気にする 마음에 두다, 걱정하다

(예) そんなことはあまり気にしない方がいい。

그런 일은 별로 마음에 두지 않는 편이 좋다.

7 気に入る 마음에 들다, 기분에 맞다

(예) ネクタイを買いに行ったが、気に入ったものがなかった。

넥타이를 사러 갔지만 마음에 드는 것이 없었다.

8 口が重い 입이 무겁다, 과묵하다

(예) 彼は口が重くて、何となく付き合いにくい人だ。

그는 과묵해서 어쩐지 사귀기 힘든 사람이다.

9 駄目になる 무용지물이 되다, 구제할 수 없는 상태가 되다

(예) 私の計画は全て駄目になった。

나의 계획은 전부 무용지물이 되었다.

10 身に付ける 몸에 걸치다, (지식, 습관, 기술) 습득하다

(예) 外国語を身に付けるのは、若いうちの方がいい。

외국어를 습득하는 것은 젊을 때 하는 편이 좋다.

347

11 気が利く 생각이 잘 미치다, 눈치가 빠르다

(예) 冷たい飲み物が用意してあるとは、なかなか気が利くね。

차가운 음료가 준비되어 있다니, 꽤 눈치가 빠르네.

12 席を外す 자리를 비우다, 비키다

(예) 先生と二人だけで話したいから、君は席を外していてくれ。

선생님과 단 둘이 이야기하고 싶으니까 너는 자리를 비켜 줘.

13 口に合う 입맛에 맞다

(예) お口に合うかどうか分かりませんが、召し上がってください。

입에 맞으실지 모르겠지만, 드셔 보세요.

14 目を通す 대강 훑어보다

(예) 新聞に目を通してから出掛けた。

신문을 대강 훑어보고 나서 외출했다.

15 気が短い 성미가 급하다, 성마르다

(예) 彼は気が短くて、すぐに怒ってしまう。

그는 성미가 급해서 금방 화를 내 버린다.

| 16 | 気になる 신경 쓰이다, 걱정이 되다 |

예) 明日は遠足なので、天気が気になって眠れない。

내일은 소풍이라서 날씨가 신경 쓰여 잠들 수 없다.

| 17 | 具合が悪い 상태가 나쁘다, 컨디션이 안 좋다 |

예) 今日は朝から具合が悪いので、日曜日に行くのはどうですか。

오늘은 아침부터 상태가 나빠서 일요일에 가는 것은 어때요?

| 18 | 役に立つ 도움이 되다 |

예) この辞書は、国語の力を付けるのに役に立つ。

이 사전은 국어 실력을 늘리는 데에 도움이 된다.

| 19 | 思いも寄らない 생각할 수도 없다, 뜻밖이다 |

예) 思いも寄らない入賞の知らせに、しばらく何も言えなかった。

뜻밖의 입상 소식에 잠시 동안 아무 말도 할 수 없었다.

| 20 | 気が付く 알아채다, 생각이 나다 |

예) 計算が違っていることに気が付かなかった。

계산이 틀리다는 것을 알아채지 못했다.

💡 시험 직전에 꼭 한번 보고 들어갑시다.

---

1 間を置く (거리, 시간) 간격을 두다

예 電車は5分の間を置いて出る。

전철은 5분 간격으로 출발한다.

---

2 当てがない 방법이 없다, 가망이 없다

예 お金を借りる当てがない。

돈을 빌릴 방법이 없다.

---

3 大目に見る (부족한 점이 있어도) 너그러이 봐주다

예 些細な過失は大目に見るのがいい。

사소한 과실은 너그러이 봐주는 것이 좋다.

---

4 軌道に乗る 궤도에 오르다, 일이 순조롭게 진행되다

예 父の事業もようやく軌道に乗ってきた。

아버지의 사업도 간신히 궤도에 올라왔다.

---

5 見当が付かない 짐작이 되지 않다

예 距離はどのくらいあるか、見当が付かない。

거리가 어느 정도인지 짐작이 되지 않는다.

6 背を向ける 돌아서다, 모른 체하다, 배반하다
せ む

例 都会に背を向ける若者が出てきているんです。
と かい せ む わかもの で

도시에 등을 돌리는 젊은이가 나타나고 있습니다.

7 手に余る 힘에 겹다
て あま

例 これは私の手に余る仕事だと思います。
わたし て あま しごと おも

이것은 저에게 힘겨운 일이라고 생각합니다.

8 長い目で見る 긴 안목으로 보다, 미래를 보다
なが め み

例 長い目で見れば、それは決して無駄ではないだろう。
なが め み けっ む だ

긴 안목으로 보면, 그것은 결코 헛된 일이 아닐 것이다.

9 手本を見せる 본보기를 보여주다
て ほん み

例 まず手本を見せますから、後から自分でやってみてください。
て ほん み あと じぶん

우선 본보기를 보여줄 테니까, 나중에 스스로 해 보세요.

10 顔が利く 얼굴이 (알려져서) 통하다
かお き

例 おじさんは、あの会社に顔が利くようだ。
かいしゃ かお き

삼촌은 저 회사에 얼굴이 알려져 있는 것 같다.

11 面と向かう 얼굴을 마주 대하다

예 最近、上司に面と向かって辞めますと言えない人もいるそうです。

최근 상사에게 얼굴을 마주 대하며 그만두겠다고 말할 수 없는 사람도 있다고 합니다.

12 隅に置けない 허투루 볼 수 없다, 여간 아니다

예 彼は見掛けは大人しそうだが、なかなか隅に置けない人物だ。

그는 겉보기에는 온순해 보이지만, 좀처럼 여간내기가 아닌 인물이다.

13 腕を磨く 실력을 연마하다

예 ピアノの腕を磨いて演奏会で披露する予定だ。

피아노 실력을 연마해서 연주회에서 피로할 예정이다.

14 肩を並べる 어깨를 겨루다, 어깨를 나란히 하다

예 わが社も成長して、大手企業と肩を並べるようになった。

우리 회사도 성장해서 대기업과 어깨를 겨룰 수 있게 되었다.

15 気を配る 마음을 쓰다, 배려하다

예 スーツだけでなく細部にも気を配ることで周囲の目は大きく変わる。

슈트뿐만 아니라 세세한 부분에도 신경을 쓰는 것으로 주위의 시선은 크게 바뀐다.

16 お見通しだ 훤히 다 알다, 생각을 꿰뚫어 보다

㉠ 君の考えていることは何もかもお見通しだ。

네가 생각하고 있는 것은 뭐든지 다 알고 있다.

17 意地が悪い 심술궂다

㉠ 彼にあんな質問をするなんて君も意地が悪いね。

그에게 그런 질문을 하다니 너도 심술궂네.

18 胸を張る 가슴을 펴다, 자신 있는 태도를 취하다

㉠ 彼は「そんなことなんか、僕だってできるさ」と胸を張った。

그는 '그까짓 거 나도 할 수 있어'라고 자신 있는 태도를 취했다.

19 恥をかく 창피를 당하다

㉠ 鈴木さんが去年結婚したことを知らなくて恥をかいた。

스즈키 씨가 작년에 결혼한 것을 몰라서 창피를 당했다.

20 当てが外れる (기대가) 어긋나다

㉠ 彼女にプロポーズをするつもりだった弟の計画は
当てが外れてしまった。

여자친구에게 청혼할 셈이었던 남동생의 계획은 어긋나고 말았다.

3 N1 관용 표현

💡 시험 직전에 꼭 한번 보고 들어갑시다.

1 当てにする 믿다, 의지하다(=頼りにする)

例 彼の言うことは当てにすることができない。

그가 하는 말은 믿을 수가 없다.

2 合点が行く 이해가 가다, 납득이 가다

例 彼女がどうして怒ったのか、僕にはどうしても合点が行かない。

그녀가 왜 화가 났는지 나는 도저히 이해가 가지 않는다.

3 大目玉を食う 크게 꾸중을 듣다

例 あまりにひど過ぎたので、あいつに大目玉を食わせた。

너무나 심해서 그 녀석을 크게 혼냈다.

4 おまけする 값을 깎다

例 全部買ってくださって、500円をおまけします。

전부 사 주셔서, 500엔을 깎아 드리겠습니다.

5 気に留めない 개의치 않다

例 どうぞ気に留めないでください。

아무쪼록 개의치 마세요.

6 ~(た)拍子に ~(한) 찰나에

(예) バスを降りた拍子に滑って転んでしまった。

버스를 내리려는 찰나에 미끄러져 자빠지고 말았다.

7 機嫌を取る (남의) 비위를 맞추다

(예) 彼は頻りに課長の機嫌を取ろうとしている。

그는 자꾸 과장님의 비위를 맞추려고 한다.

8 棚に上げる 제쳐 두다, 모른 체하다

(예) 彼女は自分の過ちを棚に上げた。

그녀는 자기 잘못을 모른 체했다.

9 すべがない 방법이 없다, 도리가 없다

(예) 今回の問題を解決するすべがまったくない。

이번 문제를 해결할 방법이 전혀 없다.

10 理屈をつける 구실을 대다, 핑계를 대다

(예) その生徒は何とか理屈をつけてよく休むので、大変です。

그 학생은 어떻게든 핑계를 대고 자주 결석하기 때문에 큰일입니다.

11 恐れ入る <small>おそ い</small> 송구스러워하다, (상대방의 역량, 실력에) 두 손 들다, 놀라다

예 彼の高いプレゼンスキルに、本当恐れ入った。
<small>かれ たか ほんとうおそ い</small>

그의 높은 발표 능력에 정말 놀랐다.

12 思いをする <small>おも</small> 경험을 하다, 느끼다

예 留学の間、そんなに楽しい思いをしたことはない。
<small>りゅうがく あいだ たの おも</small>

유학하는 동안에 그렇게 즐거운 경험을 한 적은 없다.

13 愛想を尽かす <small>あい そ つ</small> 정나미가 떨어지다

예 嘘ばかりつく彼に愛想を尽かした。
<small>うそ かれ あい そ つ</small>

거짓말만 하는 그에게 정나미가 떨어졌다.

14 融通が利く <small>ゆうずう き</small> 융통성이 있다

예 新しく赴任してきた中村部長、融通が利かなくて、困って
<small>あたら ふ にん なかむら ぶ ちょう ゆうずう き こま</small>
います。

새로 부임해 온 나카무라 부장님, 융통성이 없어서 난감합니다.

15 肩身が狭い <small>かた み せま</small> 주눅이 들다, 열등감을 느끼다

예 何か悪いことをしたわけでもないのに肩身を狭くして謝った。
<small>なん わる かた み せま あやま</small>

뭔가 잘못을 한 것도 아닌데 주눅이 들어서 사과했다.

16 羽目になる 처지가 되다, 사태에 이르다

(예) 直行バスに乗り遅れて、3回も乗り換える羽目になった。

직행 버스를 놓쳐서, 3번이나 갈아타야 하는 처지가 되었다.

17 びくともしない 꿈쩍도 않다

(예) 彼はどんなことが起ころうとびくともしない。

그는 어떤 일이 일어나도 꿈쩍도 하지 않는다.

18 裏目に出る 엉뚱한 결과가 되다, 기대가 어긋나다

(예) 早く復帰しようとした田中選手の焦りが裏目に出てしまった。

빨리 복귀하려고 했던 다나카 선수의 조급함이 엉뚱한 결과를 낳고 말았다.

19 引き金になる 계기가 되다, 도화선이 되다

(예) そのことが引き金になって、もう二人は話し合わないように
なった。

그 일이 계기가 되어 이제 그 둘은 서로 이야기하지 않게 되었다.

20 躍起になる 기를 쓰다

(예) 躍起になって弁解をしているが、あまり通じない。

기를 쓰고 변명을 하고 있지만 그다지 통하지 않는다.